Edições Gratia Plena

Edições Gratia Plena

Rua Alemanha, 395 - A
Gov. Valadares/MG
35.057-020

ADOLESCÊNCIA E JUVENTUDE

ISBN: 978-65-993460-0-2

Coordenação Editorial:
Henrique Rodrigues Martins
Taís Souza Nunes Aguilar

Diagramação:
Henrique Rodrigues Martins

Capa:
Roberto Lopes Cruz Braga da Silva

Revisão:
Jéssica de Lourdes Ferreira Ferraz

Distribuição:
Cedet – Centro de Desenvolvimento Profissional e Tecnológico
Rua Armando Strazzcappa, 490
CEP: 13087-605 – Campinas – SP
Telefone: 19-3249-0580
e-mail: livros@cedet.com.br

cedet

Dados Internacionais de Catalogação na Publicação (CIP)
(Câmara Brasileira do Livro, SP, Brasil)

G633a

Gomes, Perillo. 1890-1952
Adolescência e Juventude / Perillo Gomes. Governador Valadares, MG: Edições Gratia Plena, 2020.
278p.

ISBN: 978-65-993460-0-2

1. Educação Católica 2. Filosofia 3. Moralidade 4. Igreja Católica I. Título

CDD: 201
CDU: 282

Índices para Catálogo Sistemático
1. Cristianismo
2. Educação Católica
3. Moralidade

ADOLESCÊNCIA & JUVENTUDE

PERILLO GOMES

Edições Gratia Plena

Para minhas filhas este pequeno livro que reflete o pensamento, a solicitude, o afeto e muito das inquietações do meu coração paterno.

Nas seguintes palavras de S. Paulo, vejam elas a razão principal que o ditou:"Quem não tem cuidado com os seus, principalmente com os de sua casa, renegou a fé, e é pior que um infiel"(1Tm 5, 8).

P. G.

SUMÁRIO

APRESENTAÇÃO 9

BREVES PALAVRAS DE INTRODUÇÃO 16

DA ADOLESCÊNCIA 18

O Discernimento da Adolescência 18

Característica da Adolescência 21

Os Perigos da Idade 24

As Virtudes do Adolescente 28

O Educador e Adolescente 34

O Dever do Educador 37

O Dever do Educando 41

O Auxílio da Igreja 44

VÍCIOS CAPITAIS DA JUVENTUDE 48

A Afetação 52

A Frivolidade 62

A Vulgaridade 69

A Ociosidade 76

Egoísmo 82

O Orgulho 91

O SENTIMENTO DO PUDOR 97

O Despudor Feminino 98

Fatores do Despudor Feminino 102

O COMPANHEIRISMO 107

Fatores Positivos do Companheirismo 109

Fatores Negativos do Companheirismo 111

A Tese do Companheirismo 115
As Atenuantes do "Companheirismo" 120
A Adaptação aos Novos Tempos 123
O que Pedem à Jovem os Novos Tempos 125
Regras para o Companheirismo 131
Deveres da Jovem Cristã no "Companheirismo" 137
O Problema do Casamento 141
Objeção Final 150
AFIRMAÇÃO DE PERSONALIDADE 154
O Domínio de Si Mesma 154
A Fuga às Ocasiões de Perigo 163
Condições para o Domínio de Si Mesma 170
VERDADES E VELEIDADES 179
Indiferença pela Malícia Alheia 179
A Confiança na Própria Consciência 184
A Provocação Consciente 189
INCOMPREENSÃO E REBELDIA 196
A Barreira da Família 196
O Drama Filial 200
Originalidade e Personalidade 206
NOS DOMÍNIOS DO QUARTO MANDAMENTO 212
Honrarás Pai e Mãe 212
O Respeito Filial 216
Amor Filial 226
Obediência Filial 231
A Assistência Filial 237

A MODA DO TRAJE 243
A Moda em Si Mesma 243
O Fim da Moda 245
A Moça e a Moda.. 246
O Árbitro da Moda.. 249
A Moça e o Árbitro da Moda 251
Criadores e Exploradores da Moda Feminina........................ 253
As Dificuldades do Problema da Moda 254
Os Rigoristas.. 256
A Posição dos Rigoristas... 260
A Solução do Problema da Moda 262
O Medo de Desagradar... 264
O Espírito da Rivalidade 267
A Personalidade no Vestir 269
A Intenção Apostólica no Vestir 271
Indicações Práticas 273

APRESENTAÇÃO

Pela Providência e pela generosidade de meus amigos da Editora Gratia Plena recebo, pouco mais de 2 meses após o nascimento de minha segunda filha, o imerecido convite para prefaciar este magnífico e essencial livro de Perillo Gomes, destinado, nas palavras do próprio, a "ajudar a juventude feminina do nosso tempo".

Refiro-me à essencialidade desta obra para os nossos dias por dois motivos: o caos no qual se encontra o processo educativo dos adolescentes e jovens e, sobretudo, o ataque crescente à feminilidade.

Façamos um exercício de reflexão direcionado às moças. O que pensariam as de nosso tempo ao ler esta passagem? "Maria, totalmente dependente de Deus e toda orientada para Ele com o impulso da sua fé, 'é a imagem mais perfeita da liberdade e da libertação da humanidade e do cosmo'"[1]. Com certeza, a maior parte ficaria confusa ou enfurecida. Uma minoria entenderia o significado. Nos exemplos listados abaixo, talvez vislumbremos o porquê:

1. As mulheres têm sido convencidas a se comportarem como homens no pensar, no falar e no agir.
2. Um número cada vez maior quer "experimentar" o maior número possível de potenciais esposos, "testando" viver com eles antes de casar.

1. Compêndio da Doutrina Social da Igreja, parágrafo 59.

3. O Sacramento do Matrimônio virou "casamento", que virou "união estável", e que, para um número crescente de incautos, hoje equivale à "união homoafetiva".
4. Durante o auge de seu período reprodutivo, as mulheres estão cada vez menos interessadas em ser mães e mais preocupadas em ter uma carreira. Quando cogitam ou se predispõem a ter filhos, passaram do período propício e muitas vezes é tarde demais.
5. Basta "uma creche, uma escola, uma babá" que eduque e mantenha os filhos ocupados; um "pet" para fazer companhia; ou uma "carreira de sucesso" para garantir a independência financeira. Pronto: a mulher será "feliz", "livre".

Que os exemplos acima não deixem a ideia de que as mulheres são as culpadas por eles. Muito pelo contrário. As mulheres são as maiores vítimas dessa desordem. Todavia, é necessário indicar aquilo no que têm falhado, inadvertida ou conscientemente.

É por isso que Perillo Gomes, pai de meninas, sentindo o peso das "responsabilidades de chefe de família", combate em seu livro, publicado originalmente em 1947, os problemas já estabelecidos ou que vinham se estabelecendo sobre as moças, futuras mães e esposas.

Os problemas já consolidados tinham sido engendrados pelas sucessivas revoluções político-ideológicas de Lutero, Rousseau e Marx que paulatinamente corromperam o tecido social católico representado em seu esplendor na cristandade medieval. A Revolução Protestante de Lutero, no século XVI, nega a Santa Igreja e sua Doutrina Educacional Integral. A Revolução Francesa de Rousseau, no final do século XIX, nega Cristo e, portanto, tudo aquilo que fundamenta o catolicismo. A Revolução Comunista de Marx, posta em prática sobretudo por Lênin e Mao Tsé-Tung, no início do século XX, nega Deus, tornando a mulher, não mais criatura à imagem e semelhança do Criador, senão um mero artefato revolucionário e recurso produtivo de uma engrenagem econômica coletivista.

Somados aos problemas consolidados, aqueles que ganhavam terreno na época de Perillo Gomes decorriam do gérmen do feminismo, estabelecido décadas antes e que ganharia força sobretudo a partir da década de 1960. À "primeira onda" do feminismo (na transição dos séculos XIX e XX), cuja maior reinvindicação era o sufrágio das mulheres, somou-se a segunda onda, já na década de 1960, que visava a algo maior e mais ambíguo (e perigoso): "a liberação feminina". Tal anseio demandava não apenas reformas legais e políticas, mas radicais mudanças na estrutura social, sobretudo do papel ocupado pela mulher na sociedade.

É evidente que o voto, a disponibilidade de "creches, escolas e babás", a carreira profissional, não são em si maus e problemas para a mulher. O que se questiona é o peso – sendo mais exato, o excessivo peso – dado a questões de ordem secundária que relegam os fatos da lei natural – como a feminilidade, a maternidade e o Matrimônio – a uma mera questão de "escolha".

Mais de 70 anos após a primeira edição desta obra vir a

público, deparamo-nos com o avanço da Agenda 2030 da ONU[2] e seus "17 Objetivos de Desenvolvimento Sustentável", ápice de uma "quarta revolução": a revolução cultural ou cultura da morte. Esta também nega um fato da realidade: o próprio homem, enquanto criatura feita à imagem e semelhança de Deus. Tal negação é representada pela substituição do espiritual pelo material; do transcendente pelo imanente; do penitente pelo concupiscente. Ato contínuo, o homem torna-se apenas "mais um organismo" na Terra e, o que é pior, "um parasita a ser controlado". A conclusão impõe-se: controle populacional, assassinato de crianças no ventre materno, contracepção e esterilização em massa, eutanásia, eugenia e ideologia de gênero.

Quais modelos restam, pois, à mulher, sobretudo às jovens e adolescentes, nos dias atuais? Não mais o modelo feminino de Maria, puríssima e castíssima Serva do Senhor, mas o da mulher "livre", "empoderada" e "com direitos sexuais e reprodutivos". Não mais o da Sagrada Família, unida a Deus pelo Sacramento indissolúvel do Matrimônio, reunida em torno de nosso Redentor, Jesus Cristo, mas o da "união estável cartorial". Não mais o da masculinidade silenciosa, viril, respeitosa e presente de São José, mas o do homem volúvel e promíscuo que ostenta o número de garotas com o qual "ficou na balada" ou o de "casamentos" que não deram certo.

Para entendermos como chegamos a isso, basta constatar no que consiste o objetivo número 05 da famigerada Agenda 2030,

---

2. http://www.agenda2030.org.br/

que trata da "Igualdade de Gênero" e que pretende "alcançar a igualdade de gênero e empoderar todas as mulheres e meninas". Em meio a 09 metas ambíguas e conflitantes entre si, pretensos legisladores internacionais intentam, dentre outras coisas, "promover o empoderamento das mulheres", "assegurar o acesso universal à saúde sexual e reprodutiva e os direitos reprodutivos", "acabar com todas as formas de discriminação contra todas as mulheres e meninas em toda parte". A pergunta é: quem estabelece os valores a partir dos quais são definidos o que é "empoderamento", "saúde sexual e reprodutiva", "direitos reprodutivos", "discriminação"? Antecipo-me e respondo: sem dúvidas, burocratas e ideólogos anticatólicos.

A pressão para "igualar" homens e mulheres, subvertendo a ordem natural, fica clara no objetivo 05 da agenda. E o que é pior: essa imposição é colocada cada vez mais cedo, em escolas laicistas e secularizadas e, pasmem, em muitas que se dizem confessionais católicas. Para os desavisados pais, cabe cumprir com os preceitos desta "nova educação". Torna-se obsoleto, portanto, seguir a lei natural que define que *"a harmonia do casal e da sociedade depende, em parte, da maneira como se vivem entre os sexos a complementaridade, a necessidade e o apoio mútuos"* e que *"a diferença e a complementaridade físicas, morais e espirituais [do homem e da mulher] são orientadas para os bens do casamento e para o desabrochar da vida familiar"*[3].

Some-se às imposições externas o potencial destruidor dos

3. Compêndio da Doutrina Social da Igreja, parágrafo 224.

vícios capitais da juventude – detalhados por Perillo Gomes: a afetação, a frivolidade, a vulgaridade, a ociosidade, o egoísmo e o orgulho – que tem sido eficazmente utilizado pelas mentes revolucionárias de políticos e ideólogos. Vemos cada vez mais, por parte dos adolescentes e jovens, promiscuidade, uso de entorpecentes e comportamento desrespeitoso para com os pais e mais idosos. Se tais comportamentos não são condizentes com um garoto educado com valores católicos, muito menos o são para uma moça delicada, cujos modelos de antigamente eram as femininas princesas e hoje, infelizmente, são as feministas estrelas do showbiz.

Eis, portanto, a importância desta obra para a nossa geração, não apenas para as moças, mas para pais, mães e rapazes, para que entendam o papel fundamental que exerce a mulher na sociedade. O que eram ideias e propostas vêm se tornando determinações políticas oficiais e, caso não sejam cumpridas, podem ser revertidas em sanções políticas e econômicas e, no limite, em condenações criminais.

É preciso, pois, que as famílias ajam! Nesse sentido, finalizo estas breves linhas com uma mensagem de alento e esperança. Inspiremo-nos nas virtudes inerentes aos jovens – também tratadas nesta obra –, que são, dentre outras, o otimismo, a confiança, a intrepidez, e a (sã) curiosidade.

A própria publicação deste e de tantos outros livros edificantes sobre o tema da educação e de outros correlatos, há muito indisponíveis no mercado editorial, já é um motivo de contentamento para que pais e filhos despertem para o problema e se capacitem para enfrentá-lo catolicamente.

Ademais, o aumento do interesse no *homeschooling* (educação domiciliar) e seu processo de "legalização", aliado ao aparecimento de escolas verdadeiramente católicas em todo o Brasil, ampliarão as oportunidades para que os pais possam educar seus filhos de forma segura e ordenada a Deus.

Vemos, por fim, cada vez mais moças e rapazes, como os da Editora Gratia Plena, buscando se aprofundar e viver cada vez mais conforme os ensinamentos da Santa Igreja Católica. Estes representam a própria vontade de Cristo para que ordenemos nossas vidas em nossa passagem pelo Vale de Lágrimas até, com esperança, alcançarmos a Vida Eterna.

Às mulheres fortes que lerão esta obra, deixo as palavras de Monsenhor Landriot[4]:

> *"Sede verdadeiras cristãs, sede profundas e sinceramente piedosas, fazei de Deus o alimento habitual de vossas vidas, e só então vos podereis aproximar do ideal da força e do vigor de que as heroínas cristãs nos deram sobejos exemplos, e que faziam exclamar os filósofos pagãos: - Que admiráveis mulheres são as cristãs!".*

Marcos Eugênio Pires de Azevedo Lopes

Dsc. Eng. Ambiental.

Vitória-Espírito Santo, 15 de outubro de 2020

Dia de Santa Teresa de Ávila, Doutora da Igreja

---

4 Pág. 11. Monsenhor Landriot. A mulher forte. São Paulo: Caritatem, 2018.

BREVES PALAVRAS DE INTRODUÇÃO

De um certo tempo a esta parte, como jamais me acontecera, venho me sentindo vivamente atraído pelos problemas da juventude feminina.

Vários motivos poderiam apresentar como justificação desse interesse quase obsedante.

Não importa, porém, a elucidação do fato, porque quero crer que todos os que porventura se encontram em situação idêntica à minha, isto é, que trazem sobre os ombros as responsabilidades de chefe de família, saberão me compreender.

Numa tal compreensão, fundo ainda a esperança de lisonjeiro acolhimento para estas páginas de análise talvez minuciosa, talvez mesmo austera, daqueles problemas, ainda que objetiva e construtiva, segundo penso, pelo seu propósito de exatidão e de imparcialidade e pelo fim que tive em vista: ajudar a juventude feminina do nosso tempo a dominar melhor as realidades da sua vida no lar e na sociedade, e a vencer, por si própria, sobretudo no ambiente familiar, os óbices à sua boa harmonia, à cálida afeição, à comunicação recíproca e ao indispensável entendimento entre pais e filhos.

Com este fim procurei preveni-la contra uma situação em que se lhe torna mais ou menos inevitável, ceder às sugestões da rua, das leituras inconsequentes, dos costumes levianos, das más companhias, do egoísmo, da ociosidade, do orgulho e da preguiça; à sugestão das coisas frívolas e das suas fatais consequências: o horror ao lar, aos aspectos sérios da vida e a todo esforço que peça continuidade e sacrifício.

Tal situação é principalmente a da jovem desocupada, vivendo em regime permanente de férias, sem uma função determinada no lar ou na sociedade, sem nada que a interesse a fundo, sem ter em que aplicar definitivamente seus entusiasmos, seus préstimos e sua inquieta fantasia. É a situação clássica da filha de pais ricos ou remediados, que após a conclusão dos estudos fica em casa à espera da solução matrimonial lendo romances, cultivando vaidades, dando asas ao seu sentimentalismo, inventando mil pretextos para ausentar-se do lar, seja para "matar o tempo", seja para satisfazer uma ânsia, cada vez mais insaciável, de liberdade e de prazer.

Sendo incontestável que esse programa de vida só pode conduzir ao desgaste das energias morais, ao desânimo, à moleza, à insatisfação, à despersonalização, à incapacidade de agir, de resistir e construir, portanto à negação, nas jovens, da juventude e do seu destino, procurei dar-lhes aqui uma noção exata da vida a fim de que se resolvam a vivê-la com toda a coragem, toda a coerência e toda a dignidade tendo como lema ser útil, ser cada vez melhor, realizar-se, santificar-se, em poucas palavras: afeiçoar-se à realidade do dever, custe o que custar, alentada pela consideração do seu "fundamento real e concreto", como ensina Gilet: a fé em Deus.

Possam estas páginas corresponder à esperança que nelas deposito. Possam, sobretudo, merecer a graça de tocar os corações para colher mais abundante fruto das inteligências e melhor dispor as vontades ao fim, já declarado, que tenho em vista.

P.G.

DA ADOLESCÊNCIA

Temos em vista examinar aqui o problema da adolescência sob três aspectos: o que ela é, o que está ao alcance dos educadores fazer em seu benefício, o que ela própria pode fazer por si mesma.

Com este propósito começaremos por distingui-la entre as demais idades, por precisar suas características, seus perigos e suas virtudes.

A seguir trataremos da ação que se pode exercer sobre ela, especialmente do ponto de vista educativo, indicando os prováveis equívocos e os deveres indeclináveis do educador.

Por último, encarando as duas hipóteses em que se pode encontrar o adolescente — tendo ou não tendo quem dirija a sua educação — passaremos em revista a ação que poderá exercer sobre si mesmo na formação do seu caráter e do seu destino.

Acrescente-se, afinal, que temos em vista neste trabalho mais do que o adolescente, a adolescente.

O Discernimento da Adolescência

A adolescência, como é sabido, é uma idade intermediária entre a infância e a juventude, que tem uma duração, em média, de seis anos.

Em geral, se manifesta aos 12 indo até aos 18 anos, segundo a constituição, condições de clima e de vida, temperamentos e tantos outros fatores de ordem pessoal, geográfica, profissional etc.

A puberdade indica o seu início. Contudo não somente não abrange todo o período da adolescência como é frequente que os fatores de ordem anatômica e fisiológica se antecipem, de muito, à evolução psicológica da infância à adolescência. Queremos dizer que muitas vezes já as características físicas da nova idade estão patentes na menina e, contudo, mentalmente ela permanece no estado infantil.

Também é frequente que a mentalidade de adolescente se prolongue aos 22 e mesmo aos 25 anos.

Muito contribui para tornar obscura a sua fase inicial o fato de sob vários aspectos manter-se quase inalterável, no adolescente, a pessoa da criança.

Assim, por exemplo, no seu comportamento perante a vida. Como a criança, vive o adolescente para o presente, sem um fim determinado, não aspirando senão festa e alegria.

Sua obediência, no que diz respeito aos pais, quase não excede os limites do respeito devido à autoridade. Não se radica ainda profundamente no amor.

Por este motivo, como já se tem feito notar, não repara muito no sacrifício dos progenitores pelo seu bem-estar, parecendo-lhe que com isso cumprem eles apenas um dever; ou dando a impressão de estarem convictos de que tudo lhes chega às mãos porque devia chegar, sem querer saber maiores detalhes acerca dos motivos pelos quais assim acontece.

Os pais serão considerados, como já se disse, "simples banqueiros incumbidos de fornecer os fundos necessários para entreter a sua fantasia".

Como a criança e mesmo mais do que ela, o adolescente, é um desatento.

Já se sabe que essa desatenção provém do abalo que sofre o seu organismo com o processo mais ou menos acelerado do desenvolvimento físico, e pelo súbito despertar de tão várias e tão novas modalidades do seu mundo emotivo.

Ele traz da infância a atitude sorridente e indefinidamente otimista perante a vida, que não sabe relacionar senão com as sugestões da sua opulenta fantasia, com os frequentes impulsos desinteressados do seu coração e o entusiasmo fácil pelas tarefas generosas que o apaixonam.

Sem dúvida, nem tudo é a fim entre as duas idades, como veremos.

As crianças, por exemplo, por via de regra estimam se relacionar com os adultos, considerando-se muito lisonjeadas com a sua atenção.

Os adolescentes, ao contrário, não sentem o menor pendor pela companhia dos que já atingiram a maturidade, e mesmo, por via de regra, fogem ao seu convívio.

Desligando-se do meio infantil o adolescente prefere a companhia de outro adolescente.

Sua ojeriza em se relacionar com os adultos é uma consequência da sua presunção de que possui ideias definitivas sobretudo — ideias que não deseja ver submetidas a quem se julga com o direito de discuti-las e até de reprová-las.

Já foi observado que é nessa idade que se fazem as críticas mais veementes aos professores, mesmo aos pais e até aos regimes políticos. Aos olhos de um adolescente tudo anda errado, só ele sabe como endireitar o mundo...

Nesse afastamento das pessoas de senso amadurecido que o poderiam aconselhar, nessa limitação da sua confiança àqueles igualmente inexperientes e igualmente envoltos no turbilhão da anarquia mental em que, por sua idade, se acha envolvido, encontra-se um dos maiores entraves para penetrarmos na intimidade do mundo da adolescência.

Tantas outras causas contribuem para dificultar o conhecimento do advento da adolescência e principalmente da pessoa do adolescente, como por exemplo, a reserva de que se cerca diante dos adultos, a incompreensão de si mesmo, a que paga tributo, o fato afinal, de ser a adolescência, como disse um grande educador, "uma idade secreta".

Característica da Adolescência

Tendo em vista o objetivo a que me propus, o meu primeiro esforço deve tender no sentido de bem precisar as características da adolescência.

Não vejo necessidade de me ocupar aqui com os sinais exteriores, demasiado conhecidos, pelos quais se verifica que a menina deixou de o ser.

Também não me parece interessar uma discriminação dos fenômenos biológicos e fisiológicos que anunciam o advento da puberdade.

O que interessa, repito, tendo em vista o plano deste trabalho, é aquilo que se relaciona com o comportamento da pessoa moral: com a maneira de ser e de agir do adolescente.

Deste ângulo, o quadro da adolescência, em suas grandes linhas, pode ser assim esboçado: sem saber como, certo dia, sente a menina que há algo de novo em sua vida: desagrada-lhe o tratamento de miúda; começa a ter opinião própria sobre várias coisas que antes não lhe interessavam; a presença das pessoas maiores não mais a intimida; há dentro de si uma necessidade irreprimível, ao mesmo tempo, de expansão e concentração, e uma aspiração veemente de liberdade.

Desejos e sonhos vagos, enchem-lhe a vida. O coração, como que situado à flor da pele, capta as doces emoções do mundo — únicas que podem ter ressonância em sua alma — e tenta, com elas, imprimir na vida um sentimento musical, confirmando o que já disse do adolescente, isto é, que possui um "temperamento festivo".

Nesse período desenvolve-se o gosto da observação. A adolescente faz em si mesmo e no meio em que vive, descobertas surpreendentes.

O imprevisto e o prazer desses achados aguçam-lhe no espírito o sentido da curiosidade.

É a fase aguda da atração pelos divertimentos, das inconscientes audácias na moda e da revelação dos primeiros caprichos femininos...

É igualmente nessa época que se forma o bom gosto, e que o coração transborda de sublimes harmonias, não sendo raro que os indeterminados anseios que o fazem palpitar, deem lugar à manifestação de um amor precoce.

É também o tempo dos entusiasmos fáceis, das simpatias e antipatias gratuitas, da parcialidade sem malícia, da contradição obstinada, da leitura sem escolha nem medida, da crítica apaixonada à autoridade e aos costumes, da confiança ilimitada em si próprio.

Nessa época a contradição se manifesta no centro mesmo da nossa vida interior, pois vemos aí, ao lado um do outro, sentimentos que se repelem.

Assim, o adolescente que, por via de regra, é um egoísta ou pelo menos um egotista, sabe, no entanto, se dedicar. Ele vive alheio a si mesmo, ocupado ou enleado com as experiências e descobertas da sua vida pessoal; com as suas ideias, com as suas dúvidas, os seus anseios, o rumo e os sucessos da sua existência; com a construção, afinal, do seu ser moral, pois possui a clara intuição de que trava a batalha do seu destino. E, contudo, é nessa idade que somos capazes das afeições mais generosas e dos entusiasmos mais desbordantes.

Apesar da sua pretensão de liberdade é capaz de aceitar voluntariamente uma disciplina e sua natural reserva não lhe impede o pendor para as confidências.

Os Perigos da Idade

Uma inspeção, mesmo sumária, sobre os dados psicológicos do adolescente que tão sucintamente acabamos de enumerar, é suficientemente indicativa da gravidade dos problemas dessa idade e dos perigos a que, por esse tempo, estão expostas as nossas filhas. Pensemos somente no seguinte: no desejo de emancipação em uma época de emotividade quase irreprimível; na confiança em si próprio quando é ainda nula a experiência do mundo; na tendência amorosa quando o coração está virgem de afetos; na tendência para a negação e a crítica quando as forças do sentimento superam as da razão; nos vários ímpetos expansionistas quando a vontade não adquiriu ainda as virtudes do comando, e digamos depois, se há ou não motivos de inquietação.

E, contudo, não se limitam tais perigos aos que acabamos de enumerar. Estes são os de natureza intrínseca, isto é, os que decorrem da própria condição do indivíduo adolescente. Há ainda os que chamaremos extrínsecos, isto é, os que ameaçam do meio exterior, como, por exemplo, a rua, as leituras, as diversões, etc., os quais nos permitiremos fazer algumas reflexões.

A rua exerce sobre a adolescente sugestões perturbadoras. Tomem-se, por exemplo, as vitrines das casas de modas. Elas que antes suscitavam sua curiosidade apenas pela variedade e colorido dos objetos expostos, agora exercem sobre o seu espírito um verdadeiro poder de fascinação.

Quem quiser, faça a experiência. Observe a atitude e o movimento de fisionomia de uma adolescente que se posta à frente de uma delas. É patente que a sua imaginação logo estabelece relações entre si e os tecidos, os modelos e os artigos de quinquilharia em exposição. O mesmo acontece com os mostruários de joias, calçados, perfumes e demais artigos de luxo.

Um escritor brasileiro escreveu um sugestivo livro de crônicas, o qual chamou de "A alma encantadora da rua". A alma da rua, porém, todos o sabem, nem sempre é encantadora. Ainda mesmo as mulheres que mais sentem seus atrativos, confessam, uma vez por outra, que ela tem expansões brutais.

É fácil de prever quantas solicitações perigosas para uma adolescente existem nas ruas de uma grande cidade. A facilidade dos encontros, a tentação do luxo, a insinuação dos cartazes maliciosos, a corte barata dos elegantes sem ofício, a aparência de gozo e felicidade da gente bem posta que encontra nas calçadas, nas casas de chá, à saída dos cinemas e demais pontos de diversão — e isto sem falar nos pequenos ou grandes escândalos com que uma rua que se preza deve afirmar sua reputação de mundanidade — tudo isso povoa de imagens inquietantes, o subconsciente das almas inexperientes e excita, quando menos, sua tendência para o devaneio e a fantasia.

As diversões. A adolescente, conduzida mesmo pelos próprios pais, franqueia as portas dos teatros, dos cinemas, dos cassinos, dos bares, dos salões de festa, etc. Em tantos lugares bebe já o seu coquetel, joga as cartas, com rapazes, de pernas trançadas e cigarro ao canto da boca.

Entrega-se aos desportos violentos em competição com os garotos da sua idade que são para com elas frequentemente brutais por uma necessidade instintiva de afirmar a superioridade da sua natureza. Sugestionada por esses ambientes de moralidade pouco exigente, inicia-se na camaradagem, na coqueteria, no flerte.

A ação maléfica do álcool, do fumo, dos produtos da penteadeira; o esforço físico demasiado dispendioso para um período de brusca transição como é o da adolescência; as curas de emagrecimento sem indicação profissional, necessariamente hão de ter repercussão funesta sobre a sua saúde e o seu caráter.

Junte-se a isso uma sensibilidade excitada por tantas emoções, precisamente quando os elementos da vida psíquica estão a se organizar; quando ideias, sentimentos, volições, como que andam em busca de um eixo comum, em busca das suas leis de atração e de equilíbrio e diga-se depois o que de um tal estado de coisas é justo esperar.

E note-se que não foi dita uma palavra sobre danças, sobre os espetáculos, sobre os cinemas de efeito poderoso e contagiante para a vida moral do adolescente, tanto mais poderoso e contagiante quanto, como é corrente, se confundem aí o proibido com o tolerado e o permitido, e quanto é ignorado pelos novos, de um modo geral em matéria de diversão, o que é ou não compatível com a sua idade.

As leituras. O adolescente, ordinariamente sente inclinação mesmo apaixonada pela leitura. Há, porém, leitura e leitura. E por desgraça a que em geral lhe merece a preferência é precisamente a que justificaria o analfabetismo...

Por esse tempo tantas jovens têm abandonado os seus estudos. Não são, portanto, os livros escolares os da sua estima. Nem também aqueles que, sem aparato didático, teriam igual finalidade: instruir.

O que muito comumente acontece é que na escolha da leitura, não tenha o adolescente em vista nem a elevação do espírito, nem acrisolar os sentimentos, nem ampliar e consolidar noções adquiridas no estudo.

Também não leva em linha de conta as consequências que a leitura possa ter sobre a sua fé, sobre os princípios em que foi educado e sobre o seu coração, e bem assim, sobre a sua saúde mental e os compromissos da sua vida futura.

O que lhe interessa é a nota romanesca, os gêneros sensacionais, anedótico, burlesco, recreativo. Já se fez notar a preferência pelos temas em que figuram mulheres e moças iludidas.

Tais leituras inegavelmente estimulam sua tendência a subtrair-se às realidades da vida, a deixar-se embalar por ilusões que se fazem pagar de maneira cruel: por um enxame de decepções humilhantes e descoroçoadoras, que semeiam de amarguras e conduzem à indisciplina e à esterilidade tantas existências.

Outros perigos. Com os perigos expostos ainda assim não se pode dar por encerrado este capítulo da vida do adolescente, pois muitos outros podem ocorrer nessa idade, especialmente os de fundo mórbido por falha ou defeito de constituição, por moléstias adquiridas ou pressão exterior demasiada sobre a sua personalidade.

Estão neste caso certas melancolias decorrentes da falta de controle nas inclinações dos temperamentos fleumáticos; certas fobias para falar, para escrever, etc. — os chamados complexos de inferioridade — resultantes de uma grande humilhação ou de uma deplorável negligência na educação sentimental; as conhecidas crises da idade: familiar, intelectual, moral e religiosa.

As Virtudes do Adolescente

Tendo passado em revista as características morais do adolescente, e posto em foco os perigos que o cercam, parece razoável que se faça agora um apanhado das qualidades que constituem, por assim dizer, as grandes reservas da sua personalidade, os elementos vivos, o material das grandes construções humanas.

Tais qualidades são o *otimismo*, a *confiança em si próprio*, a *intrepidez*, o *apego à própria personalidade*, a *curiosidade*, etc. Examinemos, individualmente, essas notas sadias da afirmação juvenil.

O otimismo. Em primeiro lugar queremos tratar do otimismo. A alegria de viver é uma das características dessa idade. O adolescente triste, desanimado, hesitante, desconfiado e pessimista, é um ser necessitado de médico ou de confessor.

Que seja inconstante nas suas resoluções, mesmo variável no seu humor e até versátil no seu caráter, não é de admirar.

Não se esqueça de que o seu organismo suporta as reações mais violentas do processo evolutivo, pois a transição propriamente física da adolescência para a juventude faz-se no período escasso de três anos.

Que tenha crises mais ou menos frequentes de mutismo, de alheamento, de depressão, de mal-estar é compreensível, não somente em razão dos abalos que sofre com as transformações que se operam na sua vida orgânica, como ainda em virtude da extrema vivacidade das reações da sua vida sentimental.

De resto, sendo o adolescente como já foi classificado, "um ser à procura de equilíbrio", é inevitável que, de quando em quando, necessite de recolher-se, de interiorizar-se, de fugir a todos os contatos humanos para encontrar esse equilíbrio segundo a sua lei interior em si mesmo e não nos que o cercam.

Como quer que seja, o que há de predominar na sua vida é o entusiasmo, é a confiança, é a convicção, talvez ingênua, de que tudo acabará bem, dê no que der, porque acima de tudo devem influir na sua personalidade a riqueza emotiva, o mundo de promessas, o encanto das revelações imprevistas, o enleio das primeiras sensações de liberdade, que são como as primícias de uma idade tão fugaz.

A confiança em si mesmo. Esse otimismo se comunica ao juízo que o adolescente forma de si próprio.

Como possui um conhecimento limitado da realidade e uma pertinaz tendência imaginativa, exclui do seu dicionário a palavra "impossível". Ele está certo de que nada resiste ao poder de uma vontade obstinada, no que, como é sabido, não se equivoca. Daí o acolhimento que dá à literatura voltada a apregoar a energia do querer.

Sua correspondência particular denota a segurança com que avança na vida. Nos seus diários secretos há indícios veementes de que os adolescentes os escrevem com os olhos voltados já para a posteridade, convencidos de que um dia se tornarão pessoas célebres.

Às vezes o isolamento voluntário, a fuga ao adulto e ao ambiente familiar, o mutismo, a deslealdade, a indisciplina exterior, são no fundo simples manobras do adolescente para não se deixar conduzir pela experiência alheia, cioso de não comprometer o êxito da sua própria experiência.

É de regra que seja mesmo demasiado confiante na sua personalidade. Por este motivo, chega a parecer ou será tantas vezes petulante, discutidor, exibicionista e inconsciente dos perigos a que se expõe com os seus juízos apaixonados e peremptórios, juízos que são para os adultos quase sempre absurdos ou indecifráveis.

A intrepidez. A confiança que deposita em si mesmo faz com que o adolescente se mostre frequentemente corajoso até a temeridade. A regra é que de nada tenha medo; nem das afirmações atrevidas nem das empresas arriscadas.

Primeiro de tudo, ele não se atemoriza diante da vida. Ao contrário, como que mesmo a desafia, pois o adolescente gosta de fazer sozinho a aprendizagem do mundo.

Sua atitude de resistência ao meio familiar, aos conselhos da gente avisada bem como às convenções fundadas na tradição e no costume, é inspirada quase sempre no desejo atrevido de furtar-se às sugestões da prudência, que facilmente confunde com a pusilanimidade.

Experimentar o bem e o mal, não propriamente para contrariar, porém para consagrar, com os riscos pessoais da prova, os critérios clássicos do bem e do mal, é uma das muitas demonstrações de coragem do adolescente, a pena é que raie pela insensatez.

Interessado em libertar as forças novas que imprimem às vezes energia excessiva aos seus atos, o adolescente tem uma certa vaidade em afirmar o seu valor humano.

O apego à personalidade. Daí o aferro do adolescente às suas ideias, à sua maneira de ser e de sentir, o apego tenaz à sua personalidade.

Esse apego, deve-se confessar, muito frequentemente, toma o caráter de teimosia ou descamba para a mania de originalidade.

Sob a sua influência, o adolescente reage de vários modos à ação dos que buscam influir sobre ele, pais ou educadores. Reage pelo retraimento, pela revolta ou pela dissimulação, fechando-se em copas para não dar a conhecer a sua opinião, opondo ostensivamente sua maneira de pensar à dos superiores ou fingindo submeter-se às razões da autoridade quando interiormente permanece irredutível no seu parecer.

Devido ao amor que tem à sua personalidade, não se rende, como a criança, ao argumento da força.

Por este motivo a aplicação das sanções, nessa idade, exige dos educadores muito mais cuidado, muito mais finura, maior inteireza moral, maior isenção que ânimo e um largo espírito de compreensão das almas nas suas dificuldades e nos seus anseios de realização.

Do mesmo modo e pela mesma razão pela qual o adolescente repugna o argumento da força, repugna-lhe igualmente o da autoridade. Querer demovê-lo da sua opinião alegando superioridade de idade, de experiência e de cultura, em geral, não dá resultado apreciável.

A idade, para o adolescente, é um fator de decadência. A experiência, não sendo própria, não pode persuadi-lo porque lhe falta aquele elemento de vida por ele vivida — elemento que é quase tudo numa idade em que o dado emotivo supera o racional. O mesmo se dirá da cultura, pois o adolescente como que tem a intuição de que ela não é fixa, de que ela necessita da contribuição de todas as idades para prosseguir na sua atividade criadora. E sendo assim, alguma coisa a mais há que ajuntar à cultura dos pais e mestres. Essa alguma coisa, acredita, é o que obscura e talvez dolorosamente se elabora no íntimo da sua personalidade.

O adolescente tem a noção, mesmo noção imperiosa de que

é "alguém", com direito a ter ideias e a ser respeitado na sua maneira de ser e de sentir.

É possível que exagere essa noção. Já houve quem observasse que ele não concebe a ideia de liberdade da personalidade senão acompanhada do sentimento da inviolabilidade.

Pode-se assim ajuizar quanto lhe doem certas expressões correntemente usadas para indicar o seu tempo: "Idade da parvalheira", "idade ingrata", em que é patente o sentido pejorativo...

A curiosidade. A adolescência é a época por excelência da curiosidade. Como é sabido, as crianças têm o seu tempo dos "porquês".

Trata-se, no entanto, de outra espécie de curiosidade. Nas crianças a pergunta corresponde à necessidade de relacionar sua vida com as pessoas, as coisas e os factos que ferem a sua atenção.

Essa "curiosidade ingénita", de preferência orienta-se no sentido do conhecimento das coisas, convindo mesmo que até a idade seguinte não transponha muito esses limites.

No adolescente, contudo, o fenômeno ocorre diferentemente. A curiosidade, mais que tudo, visa alargar o domínio do interesse humano, ou melhor, penetrar o sentido da vida pelo método da experiência pessoal.

E porque esse é o seu método, não gosta de perguntar.

Não procura informar-se: procura descobrir.

Dele disse um grande educador, Buck, que é "um investigador apaixonado".

Por este motivo, como ninguém, sofre a tentação do "novo". E também, como ninguém, padece do horror à "bota de elástico".

Nada se compara, a seu juízo, ao prazer de inteirar-se, por si próprio, da verdade. Daí a razão pela qual se apega à sua verdade, quase tanto quanto a ostra ao rochedo.

Mal sabia Jaurès, quando em plena idade madura afirmava que "toda verdade que não vem de nós é uma mentira", que repetia tão tardiamente um conceito de adolescente...

A paixão pela leitura é uma das manifestações da sua curiosidade.

Já se observou que o livro é o companheiro ideal do adolescente porque é um amigo passivo, isto é, que não lhe contesta as opiniões. É também o seu mestre preferido porque não melindra a sua ignorância: é discreto e não refuta, como já disse, os seus ditames.

É fácil, assim, que o tome como companheiro de aventuras para desentranhar os segredos do mundo, da sua vida e do seu destino; para descortinar os horizontes novos que permitam à sua personalidade expandir-se com os ímpetos de uma idade naturalmente impaciente de realizações.

E há outras curiosidades nessa idade!

O Educador e Adolescente

Definida a adolescência na pessoa do adolescente, nas suas características psicológicas, nos perigos que a cercam e nas virtudes que lhe são próprias, passemos agora a examinar o problema tão complexo da ação a ser exercida sobre ela no sentido de ajudar a formação da sua personalidade e das suas aptidões para pensar e agir segundo a linha do seu destino.

Estamos verdadeiramente diante da fase aguda do problema da sua educação, pois a essa altura da nossa vida é que se formam os nossos hábitos definitivos, é que se empreende o aperfeiçoamento dos elementos natos do caráter e sua coordenação com os adquiridos.

É por isto compreensível que o problema da educação da adolescência seja encarado com particular seriedade, dado que dos erros cometidos nessa idade, no que diz respeito aos fins primordiais da educação, pode-se dizer que serão irremediáveis e funestos.

Erros na educação. Erra-se neste particular, por exemplo, quando se propõe como seu supremo objeto um ideal muito prosaico como a conquista de uma carreira, ou um ideal muito abstrato como a perfectibilidade humana. Erra-se deploravelmente quando não se lhe dá o sentido de uma aprendizagem laboriosa, sem dúvida, mas indispensável, do domínio de si mesmo, para pensar, sentir e agir num plano harmonioso tanto no que respeita ao equilíbrio das suas faculdades nativas quanto no que interessa ao seu comportamento social. Erra-se principalmente quando se ignora ou se olvida, pagando tributo consciente ou inconsciente ao naturalismo pedagógico, que a sua verdadeira meta é a santidade; razão pela qual não há propriamente educação quando se exclui a ação da graça na formação de um destino humano.

Educação religiosa. Somos assim levados a concluir que a educação religiosa deve estar na base de todo esforço educativo que realmente vise dotar o educando de uma intuição clara das ações morais e de uma vontade firme, e se preciso heroica, para cumprir o seu dever.

Para evitar dúvidas, esclareçamos que quem diz educação religiosa, deve dizer igualmente de uma religião determinada e não, como querem certos pedagogos da escola neutra, já escarmentados com os fracassos da moral laica (refiro-me aos Payot, aos Foerster, etc.) que se contentam com os princípios de uma religião-ficção, uma religião-símbolo, um misticismo vago, talvez sugestivo, porém praticamente ineficaz.

Acrescente-se ainda que quem diz educação religiosa, em país como o nosso, diz cristã e católica, porque são esses os princípios que estão na base do nosso caráter moral, e portanto os únicos que podem ter eficácia para educar a nossa personalidade.

Devemos esclarecer que sua eficácia resulta, não apenas, como se pode deduzir do que acabamos de dizer, da tenacidade, da coerência, da constância, da repetição de uns tantos ensinamentos inculcados ao nosso povo durante séculos, porém principalmente das virtudes intrínsecas do Catolicismo — virtudes naturais e sobrenaturais — que comunicam ao nosso caráter, diga-se ao nosso coração e à nossa vontade, a indispensável energia e o auxílio da Providência para realizar um verdadeiro destino humano e cristão, portanto um alto destino pessoal e social.

O Dever do Educador

O educador, se o é por vocação e assistido da indispensável competência, não deverá ignorar que um dos fins imediatos da educação consiste em fazer o menor pensar por si mesmo e dotá-lo da necessária aptidão para realizar o seu destino.

Sendo assim, compreenderá que é seu dever elementar respeitar a personalidade do adolescente.

O pai e o mestre terão sempre em vista que é uma ofensa feita ao Criador, tomar a criança como o escultor toma um bloco de pedra para imprimir-lhe arbitrariamente as características de um ideal que traz em sua mente ou em sua fantasia.

Deus, ao criar uma alma, deixa em potência, nas suas faculdades, os elementos do caráter pessoal que deve ter.

Conhecer quais são esses elementos a fim de desenvolvê-los e aperfeiçoar de modo que venha a sair das suas mãos, com a pureza original, a criatura que Deus fez e não a sua caricatura, é o primeiro dever do educador consciencioso.

A noção simplista e funesta de que educar é comunicar às almas as características de um ser ideal como a imaginação dos pais e mestres chega a conceber, supõe ou pelo menos justifica os métodos da pedagogia mecânica que submete os educandos ao mesmo plano educativo com o intento de obter um mesmo tipo de humanidade; seres que tenham os mesmos gostos, os mesmos gestos, a mesma docilidade, a mesma candura e a mesma beatitude...

De tal critério pode-se dizer francamente que é antinatural, é tirânico e exaure o tesouro das virtudes juvenis, pois faz tábula rasa do seu temperamento, das suas inclinações afetivas e intelectuais, daquilo que no adolescente é ele próprio e o pensamento de Deus que lhe cabe realizar.

Convém não ocultar aqui que os recalques continuados da sua personalidade, o sofrimento que essa violência produz nas almas assim maltratadas e a convicção de que é irremediável a incompreensão dos que agem desse modo, levam os fracos ao conformismo, ao desânimo e algumas vezes ao desespero.

Certas psicoses da adolescência tiram de semelhante fato a sua origem e entre outras, os conhecidos complexos de inferioridade.

Os mais fortes retraem-se ou adotam a política da dissimulação guardando não raro, no fundo de sua alma, contra os seus educadores, hostilidade e rancor.

Se a primeira condição para educar bem, como vimos, é o respeito à personalidade do educando, a segunda consiste em descobrir e explorar o que se chamou a sua "linha de perfectibilidade".

Que será o que assim foi chamado?

Bem, estudado o nosso caráter, aí descobrimos várias tendências que podem ser agrupadas por semelhança, em duas ordens: uma que prevalecendo sobre a outra nos levaria a decair de nós mesmos e outra que, em iguais circunstâncias, nos impeliria no sentido do nosso engrandecimento moral.

Entre as qualidades positivas cita-se a tendência para a reflexão, para a afeição, para a exatidão, para a benevolência, para a religiosidade, etc.

Ora, o educador advertido, uma vez descoberto esse filão, tirará daí elementos indicativos do método pedagógico a aplicar, utilizando um sentimento natural do educando que procurará encorajar e desenvolver até que domine as tendências inferiores da sua natureza e influa de modo decisivo no mecanismo da sua vontade.

Se utilizarmos, além do sentimento moral superior do adolescente, as virtudes já conhecidas da sua idade — o otimismo, a confiança em si mesmo, a intrepidez, etc. — maior será, incontestavelmente, a eficácia do esforço educativo.

Uma terceira condição de êxito para o educador consiste em obter da pessoa do educando o assentimento à direção a que é submetido e o gosto pelos sacrifícios exigidos da sua pessoa, na tarefa educativa.

É fora de dúvida que sem uma cooperação vital do adolescente, todo o trabalho de educação exercido sobre ele está condenado a irremediável fracasso

Sem que se estabeleçam o sentimento de confiança recíproca, uma simpática familiaridade com as ideias do educador é quase impossível levar o educando a aceitar como boa a educação que recebe. E sem essa aceitação é mais do que ilusória a esperança de levar a ação educadora a penetrar e fecundar as almas.

O adolescente, já o temos dito aqui mais de uma vez, é suficientemente brioso para não permitir que se ponham de parte, sem exame sério, sem uma análise sincera e benevolente, suas ideias e sua maneira de ser e de sentir.

Para submeter-se tem necessidade de estar convicto de que há simpatia desinteressada por parte dos que exercem autoridade sobre ele, e de que se encontra em desacerto nas suas opiniões. E esta convicção é tanto mais necessária quanto maiores forem os sacrifícios que se tenha de exigir no trabalho de o educar — sacrifícios que de modo algum devem ser ignorados como tais, por parte do adolescente.

A delicadeza no trato e todos os cuidados para captar a sua aquiescência afetuosa não supõem nem fraqueza nem mistificação, queremos dizer, nem poupá-lo de certas tarefas necessárias, porque são penosas, nem sugeri-las com dissimulação a fim de que não perceba o seu fundo austero.

Ao contrário. O que diz Ruiz Amado em relação à educação moral é que se deve "pôr diante dos seus olhos, sem disfarce, as severas exigências da moralidade" — tem aplicação aos demais temas educativos.

O receio do desânimo que possa inspirar essa atitude de sinceridade para com o adolescente se dissipará se o educador souber chamar a atenção do jovem para o lado positivo do seu sacrifício, levando-o às convicções como esta: que "mortificar o capricho, a sensualidade, a preguiça, o egoísmo, é enriquecer e engrandecer a sua personalidade", como disse o Pe. E. Rolland, antigo diretor de seminário em França.

"É preciso mostrar ao aluno", acrescenta o mesmo educador, "o lado atraente da obra a realizar, excitar o seu entusiasmo, não o iludindo com quimeras, porém dando-lhe o gosto de uma realidade sempre mais rica e mais bela, adquirida ao preço do esforço pessoal e do sofrimento".

O Dever do Educando

É intuitivo que a sua primeira atitude deve ser a de querer ser educado.

Surge a esta altura, no entanto, uma dificuldade dado que duas hipóteses, pelo menos, podem ser aqui figuradas: 1° o jovem possui quem o eduque; 2° não há quem se interesse ou saiba encaminhar o assunto da sua educação.

Na primeira hipótese. O essencial a recomendar pode ser resumido nestas palavras: cooperar positivamente com o educador facilitando, quanto possível, o desempenho da sua árdua missão.

Essa cooperação supõe, contudo, vários requisitos entre os quais um espírito de compreensão que estenda sua simpatia afetuosa até aos equívocos do educador, pelo menos até a demonstração irrefutável de que o são. Do mesmo modo que este está no dever de excluir dos seus processos as observações mesquinhas, a precipitação de julgamento, a recriminação esterilizante, em uma palavra, tudo o que possa ferir inutilmente para o fim educativo a susceptibilidade do educando.

Assim como o educador, insistimos em dizer, deve sacrificar-se na medida das suas forças para conquistar-lhe a amizade e a confiança, o educando, por sua vez, deve sentir-se na obrigação de eliminar os excessos de personalismo, da confiança em si próprio e do amor às suas ideias para corresponder com sincera docilidade aos esforços e à expectativa de quem o educa.

Essa atitude exige que em sua alma esteja bem fundado o sentimento do respeito pelo educador.

Nada pode ser mais prejudicial na adolescência ao cumprimento desse dever para com os que a dirigem, do que a prevenção sistemática contra as suas ideias — prevenção originada, em parte, na ânsia de libertação, como já fizemos sentir, tão característica nessa idade, e em parte, no preconceito contra a velhice, de que ela, a adolescência, está também profundamente imbuída.

Um outro requisito indispensável consiste no adolescente habituar-se à ideia de que o bom uso da liberdade exige uma laboriosa preparação e supõe necessariamente, para ordená-la com acerto, qualidades que são próprias daqueles que chegam à idade madura, não somente porque as suas faculdades naturais atingiram o último ponto de evolução como ainda pela sua longa familiaridade com os problemas e o lado prático da vida.

É-lhe indispensável esse hábito ainda por um motivo: porque somente compenetrado da necessidade de obedecer, poderá evitar as conhecidas manobras de tão tristes consequências na formação do seu caráter, tendo em vista furtar-se ao mando e sanção da autoridade competente.

Foi assim que tantos adquiriram o vício da dissimulação e da mentira.

Na segunda hipótese. Verificada a circunstância de não haver quem eduque o adolescente — o que não supõe necessariamente o estado de orfandade, como é sabido — que fazer?

Esta conjectura, na realidade, é extremamente embaraçosa, pois o educando deveria organizar e dirigir o seu próprio plano de educação numa idade em que normalmente não é de esperar que possua capacidade intelectual e psicológica para fazê-lo. E como para agravá-la ainda mais, tornando-a verdadeiramente dramática, podem-se apresentar ao adolescente, situações como esta: ter de enfrentar uma ação pseudoeducadora que se traduz praticamente num atentado contra os elementos inatos do seu caráter, isto é, seu temperamento, suas tendências naturais, etc.; contra uma inconsciente, mas obstinada mutilação da sua personalidade.

Que fazer então?

Para sairmos da dificuldade poderíamos responder como tantos indicando a necessidade de conceber um grande ideal e adestrar a vontade para realizar por meio de hábitos de trabalho, de reflexão, de disciplina e de firmeza; aconselhando a aprender a submeter-se à verdade, a suportar em desalento os insucessos; a vigiar constantemente o coração para preservá-lo das paixões devoradoras, e a conduzir a vontade como se conduz um corcel fogoso, isto é, de rédeas curtas a fim de que obedeça à direção do seu dono.

Poderíamos indicar outros expedientes de ação dos adjuvantes correntemente inculcados pelos educadores, como as leituras sadias e educativas, as relações selecionadas, a preocupação com o caráter, o gosto das tarefas difíceis, a alegria pela obra que vem realizando, etc.

Poderíamos ainda enumerar, para sua defesa, alguns hábitos e vícios que fazem malograr todo esforço educativo como, por exemplo, o devaneio sentimental, a sensualidade, a vida dispersiva, a ociosidade, as más companhias, o excesso de alimentação, diversões excitantes, petulância, egoísmo, frivolidade, amor precoce, indiferença à ideia de melhorar, etc.

E estaria bem dizer e chamar a atenção para tudo isso, porque são noções fundamentais de psicologia e pedagogia prática cujo conhecimento é indispensável a todo educador, inclusive o educador de si próprio.

Mas estaríamos igualmente no dever de acrescentar que tudo isso, (e não haja a menor dúvida a respeito), se reduzirá a um puro verbalismo, não passará de palavras que o vento leva, na maioria dos casos, se o adolescente não encontrar quem o ajude na direção da sua vida moral.

O Auxílio da Igreja

Por felicidade, há no Catolicismo uma instituição como que idealizada para atender à necessidade de direção do adolescente em sua vida moral, uma instituição de eficácia comprovada por uma experiência vinte vezes secular em matéria educativa.

Antes de indicar essa instituição, recordemos o que já atrás ficou dito, isto é, que o adolescente não pode passar sem um confidente.

Que espera ele desse confidente?

Que seja um amigo, digamos, que o estime, que partilhe sinceramente suas alegrias e seus sofrimentos: que suavize a sua vida, lhe proporcione todas as alegrias do espírito e do coração e lhe prodigalize todo o bem ao seu alcance.

Que seja ainda um conselheiro, isto é, que compreenda os seus problemas, o esclareça em suas dúvidas, dirija em seus afetos; que opine de ânimo livre sem recriminar e sem se equivocar.

Que seja também um protetor, para que o ajude a encontrar o caminho quando se transvie, o encoraje quando vem o desalento, o reerga em suas quedas e saiba e lhe comunique o segredo das almas dominadoras, da esperança que não morre e dos profundos e misteriosos acentos da paz interior.

O adolescente não se pode compreender sem a estima de si próprio, sem a certeza de que há na vida uma realidade mais opulenta e mais bela que ao seu esforço pessoal é dado revelar.

Sentindo, no entanto, a instabilidade do seu ser, sobretudo pelas reações, às vezes tão violentas, das suas forças instintivas e sentimentais, quer sempre encontrar quem o assegure e confirme nessa estima e certeza.

Em resumo, o adolescente necessita de encontrar alguém a quem possa abrir o seu coração seguro da sua amizade, da sua descrição, do seu interesse, da sua ciência, da sua bondade e da sua proteção — alguém que seja como a pessoa do bom Samaritano, que prodigaliza, como diz Dom Columba Marmion, "a consolação do Espírito de Amor".

É esse alguém que a Igreja, sob tantos aspectos tão humana, confirmando aquela palavra de São Paulo segundo o qual o Cristo "quis sentir a dor para fazer sua experiência e poder aliviar aqueles que a Ele se chegassem"; é esse alguém que a Igreja nos proporciona na pessoa de um confessor e diretor da consciência, que é pai, somente para amar, e Juiz, somente para ouvir, exortar e perdoar; que é o amigo verdadeiramente esclarecido, prudente, firme, avisado e caritativo — o amigo ideal, visto que é homem como nós, inclinado às mesmas fraquezas, necessitado também, de recorrer, como todos, uma vez por outra, à indulgência e compaixão de um confessor.

Por falta de uma afeição assim, sobrenatural, muitas almas adolescentes se fanaram. De tantos adultos que não têm caráter — que se acovardam diante das dificuldades, que hesitam em suas resoluções, que são tímidos, ou intratáveis, maníacos, sorumbáticos, suspeitosos, depravados, etc. — e dos que deram fim trágico à sua existência, pode-se dizer que outra teria sido a sua sorte se na adolescência houvessem frequentado a confissão.

É igualmente certo o que sobre a sua prática escreveu um piedoso escritor: "É a confissão que o pai — que algumas vezes fala contra essa instituição divina e a ridiculariza — deve a honra de sua filha, a tranquilidade do seu lar, o pão que come em sua velhice. Ela conteve as desordens do filho que o mau exemplo excitava e as paixões corrompiam, ela assegurou a moça no cumprimento do dever; ela impediu o criado ou o empregado de se apoderar dos bens de quem o empregou".

Eis o porquê de o insuspeito Tissot exclamava no seu tempo: "Como é grande o poder da confissão entre os Católicos!". Eis o porquê de Leibniz, apesar de protestante, dizia da confissão que "a religião cristã nada possui de mais nobre e de mais belo", e o porquê de o próprio Voltaire ter se visto obrigado a dar idêntico testemunho, reconhecendo que ela proporciona aos homens "poderem se reconciliar com Deus e consigo mesmos".

Ela é, incontestavelmente, uma reabilitação outorgada pelo próprio autor da vida e da misericórdia. Por este motivo dá ao penitente "a certeza de um poder superior infinitamente bom a que se amparar" — certeza que é um penhor de vitória sobre as vergonhosas capitulações da sua vontade, sobre os fatais eclipses do seu entendimento que uma paixão ofusca, sobre os amargos desenganos de um coração rendido à triste evidência da versatilidade dos ídolos a que tributava o seu fervor; certeza que confirma com soberana e misteriosa eloquência aquela palavra feliz, tão bela de forma quanto opulenta de conceito, do gênio singular, sereno e nem por isso menos vivo, doloroso e profundamente humano de Amiel: *"Só se pode vencer a terra em nome do céu".*

VÍCIOS CAPITAIS DA JUVENTUDE

Nas páginas que se seguem passaremos em revista, com a possível objetividade, as atitudes mais chocantes da jovem moderna ou talvez de todos os tempos, que consideramos os seus vícios capitais: *a afetação*, *a frivolidade*, *a vulgaridade*, *a ociosidade*, *o egoísmo* e *o orgulho*.

Apressemo-nos em confessar que há entre esses vícios uma tão íntima solidariedade que, em geral, quem paga tributo a um, dificilmente deixará de pagar aos demais.

Isso torna difícil, evidentemente, no que lhes diz respeito, determinar as características de cada neto vicioso, havendo ainda, neste particular, um grande obstáculo a vencer: precisar quais e quantas virtudes o ato vulnera e bem assim, quais e quantas ofensas faz a uma dada virtude em particular.

Assim, um ato de afetação, por exemplo, em matéria de vestir, lesa sabidamente a virtude da prudência, mas pode igualmente ferir a da pureza, da obediência, da religião, etc. E pode também causar a qualquer dessas virtudes várias ofensas: deturpá-las quanto ao seu sentido, quanto à sua extensão, suas exigências, etc.

Tais dificuldades, de resto, são as que apresenta a própria distinção específica do pecado. Para a melhor inteligência da matéria, parece-nos oportuno, antes de tudo, fornecer aqui os elementos de ordem intelectual apropriados ao discernimento das várias situações comprometedoras a que podem conduzir os vícios em questão.

Sem dúvida nenhuma a noção fundamental a possuir para este fim, é a do pecado, o que não significa fazermos da luta contra ele a preocupação essencial do cristão, pois não ignoramos que o principal fator de perfeição das almas consiste na união viva e vivificante, pelo amor, ao nosso Deus.

Além disto, como tanta gente, cremos que uma das causas atuais do pouco rendimento do apostolado na juventude reside na insistência com que se procura agir sobre ela inculcando-lhe uma espécie de terror místico contra as suas imperfeições, exagerando--as tantas vezes, sem pôr em prática, sequer, um esforço análogo para afeiçoar-lhe o coração aos atrativos do amor misericordioso do Cristo.

Como, porém, não temos em vista nestas páginas abranger todo o problema espiritual da juventude e sim o que diz respeito à sua conduta como parte integrante da sociedade, cremos se justificar o resumo doutrinário que damos a seguir.

Temos por certo, pois nos dirigimos a jovens cristãs, não terão elas esquecido a definição de pecado, do seu catecismo: uma ofensa feita a Deus por pensamentos, palavras e obras.

Essa ofensa resulta da violação voluntária dos preceitos, ainda mesmo de um só; da sua santa Lei, que compreende o Decálogo, os 5 mandamentos da Igreja, os que em cada época ou em dado momento decreta sua Hierarquia, isto é, o Papa, os concílios e os bispos em suas respectivas dioceses.

Tal é o pecado segundo a sua *natureza*.

Que é, no entanto, o que pode dar causa a essa violação voluntária? Podemos distinguir, de um modo geral, duas ordens de causas: *causas interiores* e *causas exteriores.*

Causas interiores: a) ignorância culposa; b) a fragilidade da natureza por negligência; c) a malícia.

Causas exteriores: a) o demônio; b) as pessoas e objetos que atraem para a culpa; c) os maus exemplos.

Que entender quanto a cada causa, de modo particular?

Examinemos:

Ignorância culposa: dá-se quando é por vontade própria ou por negligência que se ignora ou que se olvida aquilo que estávamos obrigados a fazermos, que fizemos mal ou deixamos de fazer.

Exemplo: li certos livros condenados pela Igreja, sem saber que o eram, sabendo, no entanto, que há disposições eclesiásticas a respeito de leituras, de cujo conteúdo, no entanto, não me informei ou tive conhecimento algum tempo, porém terminei esquecendo.

Fragilidade da natureza por negligência: dá-se quando a transgressão ao preceito ocorre de modo mais ou menos inconsciente, em virtude do abandono de si mesmo aos caprichos do temperamento, à conformação com os maus hábitos, aos desregramentos da imaginação, etc.

Exemplo: conviver com pessoas sabidamente de maus costumes que insensivelmente nos arrastam a participar dos seus excessos.

Malícia: dá-se quando a ofensa feita a Deus ocorre sem a menor resistência da vontade já corrompida, já insensível, mais ou menos, à prática do mal.

Exemplo: as jovens que, de modo deliberado, mesmo sem a intenção de tirar proveito disso, excitam a concupiscência masculina, provocando-a na maneira de se vestir, na expressão equívoca de certos olhares e gestos, na conversação licenciosa, etc.

Quanto às causas exteriores, queremos dizer, aqueles agentes ditos "inimigos da alma", já resumidos pelo catecismo nesta fórmula incisiva: "mundo, diabo e carne", a nosso ver não precisam propriamente de esclarecimentos, pois todo cristão sabe do que se trata.

Para o cabal discernimento do ato pecaminoso torna-se necessário saber as condições em que ele se dá, as quais são em número de três:

> 1° quando há consciência clara ou pelo menos duvidosa de que o ato é ilícito; 2° quando se é suficientemente livre para cometer ou não o ato ilícito; 3° quando deliberadamente o cometemos, sabendo que é ilícito.

Há, sem dúvida, circunstâncias que atenuam o pecado ou mesmo escusam o ato lícito:

> 1° quando a alegação de ignorância pode ser aceita; 2° quando somos levados a cometer o ato ilícito por um temor ou uma exaltação que não nos permitiu discernir o mal que praticávamos; 3° quando tivemos de ceder a uma irresistí-

vel coação interior; 4° quando agimos inadvertidamente por deficiência de visão, de sagacidade e de previsão.

Assim como há circunstâncias atenuantes para o pecado há igualmente circunstâncias agravantes:

1° quando praticamos uma culpa leve pensando que é grave; 2° quando o fim a que nos propomos, mesmo com uma culpa leve, é grave; 3° quando há intenção de menoscabar a lei e o legislador; 4° quando a prática assídua de certas culpas leves nos põe em perigo de cometer um pecado mortal.

O exposto pode ser deste modo resumido:

1° *Quanto ao pecado:* para haver pecado é preciso ter cometido um ato, sabendo ou desconfiando que era ilícito.

2° *Quanto à gravidade do pecado:* resulta de que a transgressão se dê em matéria grave com perfeita advertência e pleno conhecimento do mal que se pratica.

3° *Quanto à ignorância como escusa do pecado:* não é aceitável para justificar o ato ilícito quando resulta da negligência em conhecer o dever ou do interesse em desconhecê-lo ou ainda de hábito de vida que excluem a consideração das próprias fraquezas e o desejo de perfeição.

A Afetação

Um dos cuidados que a jovem deve tomar consigo mesma é o dever de evitar o mau hábito da afetação.

Como é sabido, esse hábito nasce da preocupação de produzir tal ou qual efeito nas pessoas ou na sociedade, tendo em vista a satisfação de um sentimento inferior.

Uma vez a intenção é parecer bela, outra, parecer culta, outras tantas, marcar superioridade de condição social e até, não raras vezes, firmar uma reputação excepcional como pessoa de virtudes.

Tomada dessa obsessão a jovem, pouco a pouco se artificializa no sentido do efeito que deseja produzir. Se é o da beleza, vê-la-emos alterar as linhas naturais da sua fisionomia com o emprego de tintas, pomadas e outros ingredientes usuais neste particular da coquetice feminina.

O mesmo exagero se verificará na maneira de trajar, excedendo mesmo às ousadias dos figurinos mais ousados, ou preferindo tonalidades e padrões de tecidos muito vistosos. E assim sucessivamente em tudo quanto lhe pareça suscetível de fazer ressaltar uma formosura que em tantos casos é puramente imaginária, ou que, existindo realmente, é, no entanto, ofuscada pelo brilho falso tomado de empréstimo aos sortilégios da fancaria.

Se o objetivo é parecer culta, perde a jovem o costume do natural falar, enxertando a linguagem de termos rebuscados e servindo-se de todos os pretextos para opinar sobre livros, ideias, escritores etc. conhecidos um pouco de "ouvir falar", reproduzindo assim o conhecido tipo da "preciosa ridícula".

Se o que pretende é acentuar a sua ascendência social, seja porque procede da alta burguesia, seja porque se supõe ilustre nos seus ascendentes, seja ainda por qualquer desses motivos em que é fértil de concepção a tolice humana, imprimirá às suas maneiras bem estudadas um ar de desdém e de superioridade quando aparece em público ou porventura trata com pessoas de outra natureza, isto é, com simples criaturas humanas.

Há também o caso das que se isolam de contatos com o comum dos mortais para não conspurcar sua pulcritude ou sua piedade com o contato da malícia ou da impiedade alheias. Extremadas, de ordinário nos seus juízos, propositalmente negligentes no seu exterior, são, contudo, sumamente interessadas em que lhes propaguem a fama de santidade.

Numerosas são as situações da vida, cada qual com as suas características próprias, em que as jovens insensatas oferecem semelhante espetáculo de inferioridade. Por este motivo não seria possível fazer uma análise especial de cada um dos aspectos da afetação feminina. Nem isto se faz fundamental, porque para o essencial, que é formar uma ideia do que é esse vício na mulher, os casos figurados serão suficientes.

Fique, porém, desde já entendido que não é porque a jovem se pinta, segue a moda, trata na conversação de assuntos menos banais, tenha maneiras distintas ou faça transparecer no seu exterior a severidade de uma vida consagrada inteiramente à conquista da feliz imortalidade que deve ser tida como afetada. A afetação resulta da imoderação consciente com que procede nessas e nas demais circunstâncias de sua vida.

De acordo com as observações já feitas, pode-se, portanto, resumir deste modo as características da jovem afetada: aspira ser um tipo de mulher sedutora para gozar com os efeitos da sua fascinação sobre os demais.

Visa, de um modo particular, parecer bela ou culta, ou de condição social superior, ou alguém de excepcional virtude.

Utiliza, com esse intuito, o exagero, o artifício e o exibicionismo especialmente manifestados na imodéstia do vestir, no pedantismo do falar, na soberba do trato e na hipocrisia das atitudes, expondo-se, embora, à crítica desabrida do seu meio, ao comentário malicioso das amigas e ao menoscabo impiedoso da sua reputação.

Já estará certamente entendido, voltamos a dizer, que não pode ser considerado como fingimento o empenho no sentido de melhorar sua aparência dentro dos limites da descrição e da simplicidade, sem, portanto, a intenção maliciosa de contentar o amor próprio ou ilaquear a boa-fé alheia.

Partimos assim de um fato: o da moça que é afetada sabendo que o é, e sabendo o que quer, isto é, agradar pelo prazer de ser admirada e cortejada.

Passemos agora a ver quais são as indicações a fazer, contra o vício da afetação.

Para tudo resumir numa palavra, poderíamos dizer: a virtude da prudência.

Esta é, aliás, a primeira das virtudes morais.

Sem ela não poderiam as outras se desenvolver e aperfeiçoar, pois lhe pertence o julgar, o deliberar e por fim, comandar as nossas ações.

Sem ela, sobretudo, é impossível orientar a conduta no sentido superior do nosso destino. Vejamos a sua aplicação aos casos concretos de afetação já figurados: *pretensão de beleza*, *pretensão de cultura*, *pretensão de superioridade de condição social* e *pretensão de virtude*.

Pretensão de beleza: a jovem que exagera no trato da sua cútis, das suas unhas, na escolha dos seus modelos de vestidos, de chapéus e penteado, digamos, em tudo o que tem por fim fazer ressaltar a beleza feminina, como que demonstra não crer nos seus atrativos naturais.

A esse equívoco junta um outro mais deplorável: o de supor que o artifício cria a beleza que não existe.

Inspirada pela virtude da prudência, usando portanto de moderação, ou seja, limitando-se apenas aos cuidados de higiene e a inteligentes e sumários expedientes de elegância, tendo em vista mais que tudo, a propriedade dos tons, do detalhe, dos adornos, ou seja a harmonia do conjunto, ela imprimirá à sua figura, quando menos, a reputação da simpatia e da distinção; além de deixar manifesto que possui uma personalidade.

A prudência influirá ainda no sentido de evitar que sob o pretexto de fazer admirada a sua beleza, imaginária ou real, descambe para os conhecidos expedientes da malícia, pondo em destaque partes do seu corpo com o fim de despertar o interesse ou a paixão dos homens, ofendendo assim a dignidade própria e a dos progenitores e violando gravemente a virtude da pureza.

Não se olvide que a preocupação excessiva com o corpo rebaixa a vida intelectual e degrada, principalmente, a afetiva, pois conduz a sentimentos inferiores como a inveja, a dissimulação, o despeito e mesmo o ódio.

Conviria juntar aqui uma palavra dirigida às que esperam somente com a beleza física atrair um esposo para adverti-las de que uma união assim contraída, pouco promete, de um modo geral, como estabilidade e como felicidade, seja porque a beleza se esvai muito mais cedo do que se pensa, seja porque poderá vir a acontecer que outra beleza feminina se oponha e domine.

De resto, como é patente, num casamento deste modo concebido, nunca é a pessoa da moça que está em causa, mas apenas um de seus dons.

Que sentimento nutrirá o homem rico, por exemplo, pela estima dos que cortejam, não a sua pessoa, mas seu dinheiro?

O sentimento do desprezo.

Porventura não haverá afinidade entre as duas situações?

Com isso, está bem visto, não se prega o desprezo pela beleza feminina. Nem tal coisa seria admissível sabendo-se que ela é um dom de Deus, que é mesmo uma manifestação sensível da Beleza eterna.

A beleza da mulher, como o gênio, como a bondade, representa uma das infinitas faces da perfeição divina revelada aos homens por um misericordioso desígnio da Providência.

Sendo assim, não se concebe que seja tratada com desdém. Mas também não é tolerável que se converta em motivo de deleitação egoística.

A jovem que é formosa deve sempre considerar na responsabilidade que com a sua formosura assume perante Deus. Certa de que terá de prestar contas desse dom na eternidade, compreenda a gravidade de um tal ajuste quando acaso conspurca a sua graça feminina servindo-se dela para satisfazer caprichos, frivolidades ou desejos ilícitos.

É o caso de lembrar aquele aviso muito oportuno de quem foi um grande mestre da sabedoria, o autor da “Imitação”, que manda temer “a abundância de graças que, brilhando exteriormente, atraem os louvores e a admiração dos homens”.

Pretensão de cultura: Não é possível, hoje em dia, exaltar a ignorância na mulher.

Se em algum tempo se procedeu deste modo, pode-se dizer que, ao menos neste particular, a mentalidade masculina está mudada. Todos compreendem a necessidade de lhe ser franqueado, sempre mais, o acesso à cultura. Todos fazem justiça à sabedoria do ditado: “O saber, diz um conhecido ditado, não ocupa lugar”.

Não constitui, mesmo, impedimento a que uma dada mulher, se esse é o seu destino, desempenhar uma tarefa humilde e principalmente não a incompatibiliza com a vocação do seu sexo: a maternidade.

Com efeito, em nosso tempo, em virtude da complexidade da existência nos grandes centros urbanos, a conservação da vida, a manutenção de um lar saudável, os problemas alimentares, a educação dos filhos, a ordenação da economia doméstica, os cuidados higiênicos de uma família, etc., pedem uma preparação intelectual muito acima da que teriam recebido as mulheres em outro tempo.

E cabe não esquecer que outras perspectivas se abrem à atividade social da mulher, inclusive o apostolado, para cujo exercício nunca é demais o saber que venham a adquirir.

Portanto, o empenho que demonstra a jovem em melhorar os seus conhecimentos, em fazer mesmo um curso superior, deve ser louvado e até estimulado, se estiver ao seu alcance empreendê-lo.

O detestável, no caso, é a presunção, queremos dizer, é a ridícula atitude de fazer-se passar, à custa de afirmações temerárias, de opiniões levianas, de leituras mal digeridas ou superficiais, como pessoa que tem um direito especial sobre a inteligência alheia.

Ridículo, aliás, facilmente evitável se a jovem se compenetrar de que o preciosismo de linguagem a meia dúzia de palavras, com ou sem propósito, sobre um assunto ou sobre livros e escritores não mascaram a deficiência de cultura e produzem, nos que não são ignorantes, uma impressão penosa.

Bem fará ela, portanto, em precaver-se, neste particular,

contra toda afetação, tomando o hábito da simplicidade e da exatidão. E não terá jamais do que se arrepender se preferir que lhe admirem mais suas qualidades do que os seus talentos, dado que os possua.

Pretensão de superioridade de condição social: Em todos os tempos se verificou a preponderância de uma classe social sobre as demais.

A sociedade foi sempre compreendida como uma organização hierárquica. E deu-se preferência àquela classe que tomava ao seu cargo o serviço considerado vital para a sua conservação e o seu progresso.

Foi o que se deu, por exemplo, na Idade Média, com a nobreza, colocada no pináculo da vida social, porque dava o tributo do sangue para a defesa da terra.

A generalização do serviço militar, porém, a todos os cidadãos e outros fatores de ordem moral, econômica e política, relegaram para o segundo plano os que tinham o privilégio da fidalguia.

Hoje, na confusão reinante dos nossos dias, não se sabe bem se há uma classe investida com as regalias da nobreza, ou pelo menos com direitos legítimos ao seu espólio.

Verdadeiramente o que há, ou pelo menos o que deve ter o direito de existir, são meros valores individuais, valendo cada um de nós pelo serviço que presta à sociedade, ou melhor dito, ao bem comum.

Assim portanto o enfatuamento, porque se supõe trazer nas

artérias o sangue nem sempre puro de algum vaso capilar desta ou daquela árvore genealógica talvez duvidosa; porque se procede, ou se pensa proceder, da alta burguesia ou porque se está ou se considera estar incluído entre os valores ora cotados na bolsa tão inconstante dos títulos humanos. É sintoma dessa fraqueza mental chamada "mania de grande", é pura estolidez, pois já o dizia quem conhecia nossa alma e o destino humano até nos seus misteriosos abismos: "Pouco dura a glória que o homem dá e recebe".

Quando dura muito, os clássicos sete palmos de uma tumba, no tempo devido, serão suficientes para exterminá-la até ao seu último vestígio.

Pretensão de virtude: já sabemos que em geral, contra o vício da afetação, é indicada a virtude da simplicidade.

Simplicidade, entenda-se bem, não quer dizer desleixo nem vulgaridade, porém modéstia e discrição.

Embora tomada como o oposto da afetação, em todo o caso, não o será em sentido absoluto, para evitar que redunde em outro vício não menos abominável.

Com efeito, se a pintura da face, em demasia, por exemplo, é afetação, a falta de pintura nem sempre é simplicidade. Pode mesmo, e em alguns casos isto acontece, significar singularidade — o que é uma outra maneira de ser presumido.

Outro exemplo: o rigorismo da moda, sem contestação possível, é afetação. Andar, porém, fora da moda pode incorrer na vaidade de parecer excêntrico.

Assim também, um ar muito grave e compungido pode ser como uma "cortina de fumaça" para ocultar uma presunção doentia de santidade.

Pode acontecer, e algumas vezes acontece, que essa presunção seja inconsciente. Há pessoas que se consideram santas pelo facto de se consagrarem às obras santas. Outras que se supõem muito fervorosas, porque são capazes de sacrificar seus deveres de estado para não faltar à novena e sermão. Outras, ainda, convencem-se de que estão muito adiantadas no caminho da perfeição, porque confiam demasiado nas próprias intuições, talvez por ignorarem o que disse certa vez Frei João D'Ávila a S. João de Deus, que por sua vez o aprendera de um grande santo: "aquele que se escuta a si mesmo não tem necessidade do demônio para ser tentado", pois já o tem dentro de si próprio.

Como quer que seja, mesmo inconsciente, nem por isto é menos detestável tal afetação. E ambas, a consciente e a inconsciente, evitam-se pondo em prática o conselho da "Imitação": "Nada, pois do que fazes te pareça grande", dado que convém nunca esquecer que somos todos, afinal, cinza e pó, como se diz no Gênesis.

A Frivolidade

A afetação conduz irresistivelmente a jovem ao vício da frivolidade, que se manifesta na paixão pela moda, pelas diversões, pelo mundanismo, por um desejo incontido de sensações e de prazeres.

A tudo o que é fútil inclina-se o seu coração insaciável: o flerte, o namoro, as piadas picantes, a indiscrição, as danças exóticas, — todos os costumes levianos.

A jovem frívola ama a preguiça e cultiva a excessiva intimidade com a juventude do outro sexo, preferindo os rapazes galanteadores. Disposta a ceder a todos os caprichos da camaradagem, pensa demasiado em si mesma, nos seus vestidos, nas suas joias, no estilo do penteado, na tonalidade da sua pele, no êxito da sua pessoa, em uma palavra, naquilo que lhe dá prazer.

Alegra-se quando lhe fazem a corte, compraz-se com toda palavra lisonjeira, convence-se de que é perfeitamente natural que lhe celebrem os dotes, quase sempre hipotéticos e que tudo se incline para servi-la segundo a sua fantasia.

Sua imaginação trabalha incessantemente em conceber novos expedientes para tornar-se mais bela, mais sugestivo, mais dominadora.

Não pode entender a vida senão como um concerto de circunstâncias amáveis a apresentarem-lhe, em cada momento, um motivo novo de deleite, tornando-se, por isto, insuportáveis os intervalos entre uma e outra festa, entre uma e outra alegria das que lhe são proporcionadas para gáudio da sua juventude.

Como é fácil de compreender, tudo o que contraria o seu programa de vida a exaspera. Toda ponderação lhe parece impertinente, sobretudo se suscita a desconfiança contra as suas temeridades.

A jovem frívola acredita demasiado em si mesma e naqueles que lhe são afins. Por este motivo, está sempre pronta a desculpar suas audácias que julga isentas de malícia porque as considera fruto do tempo; repele, atribuindo à estreiteza de ideias, incompreensão e decrepitude, toda palavra de prudência no sentido de adverti-la contra essa impávida eliminação da lei da relatividade de todas as coisas quando sua própria pessoa moral está em jogo ou a sinceridade dos jovens que se lhe mostram afáveis.

A jovem frívola é naturalmente inclinada à insubmissão. Como a vida não decorre com aquele alvoroço de ventura que ambiciona em seu coração sequioso de gozo, facilmente se persuade de que a sua dependência de terceiros — de gente de outra época, obstinada em seus preconceitos e velharias — é que a impede de gozar tantos dos bens que são devidos à sua idade.

Naturalmente, sob a influência de tal suposição, despertam-se, um a um, os seus instintos de revolta, forma-se no cérebro a ideia obsedante da liberdade.

Deste modo, se explicam tantos casamentos imprevistos, inconsiderados e, infelizmente, também quase todos desditosos.

Suas leituras quase exclusivas são os romances de amor e de aventuras, as revistas de modas, as histórias equívocas do gênero das urdidas com a vida escandalosa dos artistas, anedotários brejeiros, variedades de almanaque, nada ou quase nada de útil, de edificante para o conhecimento ou para a vida.

Sua conversação se limita aos temas das suas leituras habituais com o contrapeso da bisbilhotice.

Sua moral, sem ser propriamente nula, é contudo como se fosse inexistente, a tal ponto se acomoda com situações ambíguas, talvez pela excessiva familiaridade dessa juventude com o cinema que, como é sabido, em suas telas tudo se permite, parecendo mesmo empenhar-se na glorificação de todos os delitos contra a moralidade.

O pudor é para elas uma palavra sem função no léxico moderno, completamente decaída por falta de sentido. A frequência às praias, o uso do maiô colante e conciso, o hábito de se verem devassadas pelos olhares pesquisadores do outro sexo, queremos crer, embotaram, neste particular, sua sensibilidade.

E há mesmo as que sentem uma vaidade particular em ser admiradas em trajes tão escassos e por isto requintam na sua escolha preferindo os que são mais provocantes.

Talvez para marcar melhor seu desprezo pelo sentimento do pudor, não fogem às objetivas indiscretas, de modo que não é difícil encontrarem-se em coleções privadas de rapazes duvidosos, fotografias de filhas de família em maiô, portanto trazendo veste mais impudica e mais sumária do que os chamados trajes menores.

Reconhecemos, para sermos justos, que muitas jovens são frívolas sem o saber, e outras, inconscientes dos males a que se expõem e das censuras que dão lugar. A maioria, estamos certos, conserva no fundo d'alma o respeito pelos grandes princípios da moral familiar e da fé religiosa em que foram educadas.

Nem todas, portanto, que assim levianamente procedem,

justificam uma opinião severa quanto ao seu caráter e uma expectativa sombria quanto ao seu destino.

Seja, porém como for, o certo é que, assim se comportando, contribuem para o desgaste da sua saúde física e moral e para uma desagregação de ideias e de costumes que pertencem à estrutura da sua pátria, cuja sobrevivência, como a própria reputação da jovem, é deste modo posta em perigo.

Do que fica exposto se concluiu que não há uma diferença essencial entre a moça afetada e a frívola. E a razão deste fato é a seguinte: um vício supõe o outro, isto é, uma moça afetada é necessariamente frívola e vice-versa.

Com efeito, em ambas há a mesma paixão pela moda, pelas diversões, pela vida mundana, etc., o mesmo desejo insaciável e inconsiderado de prazer.

Por este motivo ambas se inclinam para a paquera, as piadas picantes, as danças exóticas, a preguiça, o egoísmo, a presunção, as leituras ociosas, a indiferença moral e religiosa.

A concepção de vida é idêntica em ambos os casos: o gozo.

Os resultados práticos de um tal programa de vida são igualmente os mesmos, na afetada e na frívola: a insatisfação da sanguessuga, a indocilidade no lar, a ruína da saúde física e moral.

Sendo assim, poderia parecer que não cabe fazer indicação de uma virtude específica para opor à frivolidade. Contudo há, pela razão seguinte: porque a moça afetada pode ter um outro objeto que não seja o prazer sensível, ao passo que a este se limita a frívola.

Estabelecida essa diferenciação se compreenderá que apontemos como virtude própria para combater a frivolidade, a temperança, ou seja, a moderação diante do prazer, tendo sempre em vista não ultrapassar os limites do honesto.

Essa moderação deve chegar, em tantos casos, à mortificação, mesmo nas coisas permitidas, para vencer uma tendência demasiado enérgica da natureza que poderia arrastar a uma conduta incompatível com a dignidade de criatura racional e com o espírito sobrenatural de gratidão e amor a Deus, inseparável de uma verdadeira profissão de fé cristã.

A prática da temperança estabelece na jovem o hábito de refletir antes de agir, pois lhe recordará uma verdade que nunca deverá ser esquecida, isto é, que os seus atos têm repercussão no meio em que vive, na sociedade que frequenta e, além desta vida, na eternidade.

Dado que assim é, compreenderá que deve repelir toda influência exterior que tome, para si, o caráter de servidão. A jovem moderna, além disto, sendo como é, em geral, tão ciosa da sua liberdade, propor-se-á com esta virtude, adquirir precisamente a maior de todas, a que é fundamental — a liberdade sobre si mesma, a liberdade interior, sem a qual será facilmente vencida pelos atrativos do prazer enganoso da vida, pela malícia de uma paixão que tem mil maneiras de se insinuar.

É sabido que uma pessoa é tanto mais livre quanto maior é a sua capacidade de reflexão e o poder que exerce sobre própria sensibilidade. É igualmente sabido que o exercício da reflexão e o hábito da luta consigo mesmo formam vontades enérgicas e personalidades dominadoras.

A independência, contudo, não constitui propriamente um ideal, e sim uma condição para realizá-lo. Sendo assim, a independência feminina, propriamente dita, antes de tudo, será uma afirmação de virtudes indispensáveis à reivindicação dos direitos próprios do sexo.

Devem as jovens se precatar, por isso, contra a ideia de liberdade que nasce como reação contra a disciplina do meio familiar ou como uma imprudente correspondência aos acenos do prazer ou ao gosto do mando com que a vida nos ilude.

Essa ideia é eminentemente perigosa porque leva à inconstância ou à soberba dos corações.

A inconstância é um elemento propício à ação corrosiva das pequenas, mas consecutivas infidelidades que terminam por embotar uma consciência.

É deste modo que tantas jovens têm vindo a olvidar que existe uma regra moral e religiosa de perder a verdadeira noção da dignidade do seu sexo, imediata aplicação aos seus netos, em família ou na sociedade, chegando mesmo a não temer a reputação de leviana — o que, tudo confirma a sentença do Eclesiastes: “quem não evita as faltas pequenas, cai pouco a pouca, nas grandes”.

Tal é o caso de muitas das namoradeiras, preguiçosas, egoístas, e de muitas que têm paixão pela dança, pelo cinema, pelos costumes desabridos ou licenciosos.

Quanto à soberba do coração teremos a oportunidade de examiná-la um pouco adiante, de modo particular.

A Vulgaridade

Seguir-se-á acaso, do que foi dito, que indiquemos à juventude feminina, como norma, a vulgaridade?

Não, porque a vulgaridade é também um mau costume e pode tornar-se um vício detestável.

Comecemos por precisar o seu sentido.

A vulgaridade, na jovem, é o que poderemos chamar a sua banalização, que se denuncia pela ausência de critério patenteada nos atos com que se define exterior e socialmente.

Um indício dessa falta de critério está na sua incapacidade de escolha. Assim, tratando-se de modas, seguirá o que mais se usa sem atender se é o que melhor lhe convém; tratando-se de amizades, aceitará quantas apareçam; tratando-se de divertimentos, o ideal, para ela, seria de todos participar.

Da incapacidade de escolha resulta um grave inconveniente: a indistinção. O decente e o indecente na moda se confundem; a lealdade e a lisonja nas amizades se assemelham; o lícito e o ilícito nas diversões se equiparam.

A jovem vulgar é antes um pobre animal do que uma pessoa humana, porque é movida muito mais pelos seus instintos do que pela sua inteligência.

Com efeito, para que serve a inteligência senão para perceber, para discernir e afinal, julgar?

A moça vulgar, porém, no meio das contraditórias solicitações da vida não se dá ao trabalho de examiná-las para distinguir aí o bom do mau e separar o joio do trigo.

"Maria vai com as outras" é bem o seu caso.

Seguirão acaso "as outras" o bom caminho?

Não indaga.

Amanhã quando a censurarem por ter feito "isto" ou "aquilo", responderá sempre: "Também muitas o fizeram". E considera-se justificada.

De que lhe serve então a inteligência?

Por falta de uso da inteligência, que é como se dissesse, no caso, do uso da razão, não tem ela quase vida moral, entendida essa vida no sentido da dignidade da existência.

Na realidade assim é. Tendo capitulado diante das inclinações egoísticas que lhe impõem como ideal de vida o prazer, paralisa no seu pequeno mundo interior as operações da consciência moral cujo objetivo consiste em harmonizar todas as diversas tendências naturais a fim de que possamos nos consagrar a um ideal de vida superior.

Assim a moça vulgar é mais ou menos amoral e quase irresponsável.

Isso aliás se depreende da ausência de reação moral, quando advertida sobre os maus passos da sua vida, pois nunca demonstra arrependimento do que fez. Obstina-se em considerar impertinentes e injustas todas as censuras às suas sucessivas leviandades, abroquelando-se no argumento, talvez verdadeiro, da pureza das suas intenções.

Sem dúvida já é alguma coisa que para todos os seus atos tenha a jovem um pensamento isento de malícia. De nada serve, no entanto, esse pensamento, se a ação que o devia encerrar o contradiz nas suas consequências fatais.

De resto uma boa intenção, para concebê-la, supõe requisitos que faltam, em geral, às cabeças frívolas, pois supõe inicialmente a distinção entre o permitido e o proibido, entre o que se deve e o que não se deve fazer distinção, como já se disse, em que não são elas muito apuradas.

Não é assim para admirar que carecem de personalidade. A moça vulgar, como já vimos, não sabe escolher, não sabe discernir, não sabe aspirar, não sabe se decidir, não sabe se mover senão ao sabor das correntes que encontra no seu caminho.

Há expressões diante das quais se inclina sem refletir. Assim por exemplo: "É o que se usa", "Todo mundo faz", etc.

Em seus atos não há vestígio de uma vontade própria.

Ela pode ser perseverante; pode mesmo ser de tenacidade exasperante no querer.

No que quer, porém, mesmo no que quer com teimosia, há sempre a nota lastimosa da sua trivialidade: quer mais ou menos o que, em idêntica situação, querem as demais jovens estúrdias: um passeio, uma festa, uma satisfação banal.

Andando na vida assim como ventoinha, por que admirar que se deixe levar tão docilmente pelos sopros cálidos da lisonja?

A mocinha vulgar está realmente à mercê de todos os galanteadores e jamais reflete neste aspecto ridículo o engodo que fazem ao seu coração: as mesmas blandiciosas palavras, com ou sem gramática, que lhe fazem rapazes sem escrúpulos, foram já repetidas a muitos outros ouvidos igualmente complacentes e o serão enquanto houver pelo mundo cabeças como a sua, inconsideradas, levianas.

Do galanteio à paquera, se é que há entre eles diferença essencial, não é grande o caminho a percorrer.

Que é afinal paquera? Uma aproximação temporária entre duas criaturas de sexo diferente, situada na zona equívoca do que se pode considerar a antecâmara o namoro.

É ante o namoro um pouco menos romântico, sem objeto definido; um namoro para ficar apenas no embalo das palavras lisonjeiras e na permuta das gentilezas e carícias; um namoro para durar pouco, para durar dias, ou mesmo horas e até somente alguns instantes.

É um passatempo com o qual a jovem sacrifica o seu brio e atraiçoa a confiança dos seus pais; um passatempo geralmente suscitado pela camaradagem.

Que é camaradagem?

É uma grande intimidade estabelecida, quase sempre sem causa nem motivo, entre jovens dos dois sexos, mais ou menos do mesmo nível social. Uma intimidade que pega de repente, logo ao primeiro contato.

Poucos minutos havia que nem sequer sabiam da existência um do outro, e, no entanto, mal começou a se falar, já se tuteiam...

Com que intenções?

Quem ousaria duvidar da sua pureza?

Quais são, porém, os resultados dessa intempestiva intimidade?

Não poucas vezes custam o preço de irremediáveis dissabores.

Mas quem conseguirá persuadir as moças desta amarga verdade?

E, no entanto, para retroceder em caminho tão escuso deveria bastar-lhes apenas levar em conta o menor dos inconvenientes da camaradagem: é que as tornam vulgares, até banalíssimas perante os rapazes que não querem somente se divertir; é que as tornam de tal modo acessíveis às liberdades do outro sexo, que muito frequentemente os "companheiros" se dispensam dos seus deveres de gentileza e de finura de trato para com as "companheiras". E alguns mesmo não veem razão para se cobrirem, diante delas, da sua grosseria nativa.

Aliás, é frequente que as jovens justifiquem essa grosseria, cultivando o calão, vestindo-se, fumando, bebendo, jogando e dançando como quem dispensa toda sorte de consideração...

A característica fundamental da moça inclinada à vulgaridade consiste pois na incapacidade de escolha.

Por este motivo submete-se passivamente, como já foi dito, ao estabelecido, ao que se usa, ao que fazem as demais em idênticas circunstâncias.

Pode-se, portanto, admitir como essenciais à vulgaridade a ausência de senso crítico e o domínio do espírito de imitação. Consequentemente, dois objetivos deve ter em vista a jovem cristã para vencer a tendência para a vulgaridade: *obter a consciência dos seus atos* e *controlar a influência do meio* sobre a sua personalidade.

Obter a consciência dos seus atos. Para este fim, primeiramente, conhecer-se a si própria, nos seus gostos, no seu temperamento, nas suas virtudes e servidões para depois orientar-se no sentido do ideal de vida social e sobrenatural que adotou.

Não temos o direito de ignorar que nossas ações, para serem legítimas, devem guardar coerência com a fé professada, uma vez que "não são os que dizem Senhor, Senhor, que entrarão no Reino dos Céus".

Tenha-se em vista, no entanto, que o esforço para atingir o domínio da vida moral consiste tanto em fazer concordar nossos atos com as exigências da moral cristã quanto em reagir energicamente contra todas as ideias e atitudes infensas a essa norma de vida, porque equivalem à sua negação na ordem prática.

Devemos ter presente que essa intransigência constitui uma condição necessária para manter qualquer convicção.

Controlar a influência do meio, não significa oposição sistemática ao estabelecido, a todo modo, a todo costume e à opinião alheia. Não podemos ignorar que para o indivíduo como para a sociedade, o respeito a uma ordem de coisas preexistente representa uma necessidade.

Esse respeito, que nos preserva contra uma das manias mais detestáveis — a da originalidade — contudo, não exige sempre o abandono do nosso parecer. E de modo nenhum supõe a demissão de nós mesmos como pessoas dotadas da capacidade de nada julgar.

Portanto, à jovem que quer ser como as demais, há que objetar-se se propõe apenas a imitá-las no que é virtude própria do sexo, nas qualidades que as tornariam admiradas e queridas na sociedade: a polidez, a simplicidade o bom gosto, a prestimosidade, a afetuosidade, a sinceridade, etc.

O condenável seria imitar com espírito de subserviência, ou seja, deixar-se levar também pelo que nas "outras" podemos considerar suas fraquezas, suas imperfeições, suas inferioridades e até os seus erros.

Tratando-se de remediar uma inclinação viciosa que se origina da ausência do senso crítico e da qual resulta uma concessão demasiada ao espírito de imitação, a virtude naturalmente indicada para combatê-lo é a do amor à verdade e respeito aos seus direitos levado ao ponto de não admitir em nós mesmos ignorância ou negligência culposas no que se refere ao nosso dever e ao nosso destino.

Esse amor à verdade deve formar sobretudo o gosto da exatidão no pensamento, nas palavras, nas ações, na conduta, afinal, como requer uma consciência bem formada.

Como regra prática, que resume tudo quanto foi dito: empenhar-se-á a moça em abominar todo exagero nos costumes, opiniões e atitudes, procurando ao mesmo tempo amar a modéstia e aspirar à perfeição.

A Ociosidade

A moça afetada, frívola e banal geralmente inclina-se à preguiça e à ociosidade.

É sabido que o preguiçoso não é sempre um indolente. A preguiça é mesmo compatível com uma certa atividade. Em um famoso livro de pedagogia houve quem se referisse à "preguiça de homens agitados".

E o fato se compreende: quem, por exemplo, age no sentido dos seus instintos, por certo se movimenta.

É o caso de todos os egoístas.

E, contudo, nem por isto deixa de ser, em tantos casos, preguiçoso, porque cede apenas a um impulso da sua vida animal em que a vontade esclarecida não tem propriamente papel predominante.

A preguiça, em rigor, não consiste em nada fazer, e sim, em fazer como que inconscientemente, "a vontade do corpo", como se diz em linguagem vulgar, sem controle efetivo da razão.

A ociosidade é que conduz propriamente à inércia.

O preguiçoso é negligente no cumprimento dos seus deveres, porém de uma negligência mais ou menos intercorrente, pois uma vez por outra se desincumbe das suas obrigações.

O ocioso deixa-se levar. É como um sonâmbulo.

O preguiçoso ainda tenta reagir contra o seu vício, embora sem energia.

O ocioso, não. Está plenamente acomodado ao programa do "*laissez faire*"[5], e até se lhe entrega com volúpia.

O preguiçoso quer e não quer. É capaz de começar muitas coisas. Simplesmente a regra é que não termine a maior parte.

Voltamos a esclarecer porém que, no ocioso, por isto mesmo que ele tem sensivelmente diminuído o exercício da sua vida superior, exacerba-se a atividade dos instintos. Daí a sua ânsia de distrações cujo sentido real tantas vezes lhe escapa.

Com efeito, a jovem ociosa supõe que sua atração pelas dança, pelo cinema, pelas festas resulta da natural aspiração de felicidade que está no coração da juventude.

E não obstante, mais do que isso, em tantos casos, represen-

---

5. Segundo a definição do Dicionário Financeiro, *Laissez-faire* é um termo em francês que significa "deixe fazer". É utilizado em referência ao pensamento do liberalismo econômico que defende a economia livre de intervenções governamentais.

ta uma fuga de si mesma, uma necessidade imperiosa de dispersão para libertar-se de situações difíceis como veremos a seguir.

A jovem ociosa é muitas vezes assaltada pelo Tentador que nem sempre aparece sob a forma de serpente, pois é fertilíssimo nos expedientes da simulação.

Um dos mais correntes consiste em suscitar o gosto pelo luxo. O cinema, em grande parte, encarrega-se do êxito dessa tentativa, nos interiores que apresenta, na variedade do guarda-roupa dos seus personagens, enfim, nos requintes de sumptuosidade dos cenários.

As leituras, os figurinos, os mostruários dos grandes revistas, a ostentação da gente abastada, nas ruas, nas reuniões e nos pontos ditos elegantes, completa, se é que se faz necessário, o "trabalhinho" do cinema.

A moda é uma das mais solícitas aliadas desse gênio corruptor.

A moda, bem entendido, não pelo que tem de equilíbrio de proporções, de aperfeiçoamento de traços; pelo que tem de graça, de gosto, de gentileza, de distinção, porém a moda atrevida, intencional; a moda reveladora de intimidades do corpo feminino; a moda que confunde os verbos vestir e despir; a moda que dá às nossas mulheres e que escarnecem das leis da moral; a moda que supõe previamente nos aspectos de sarcasmos vivos e ambulantes atirados às jovens, para aceitá-la, desrespeitando a opinião dos pais, com indiferenças pela virtude. O mesmo repúdio prático da fé cristã.

O amor! É outra armadilha, também corrente e quase infalível, em que caem muitas jovens inconsequentes.

Diga-se, que em nossos tempos, não é propriamente o amor romântico ou o amor, permita-se a expressão, o *amor finalista*, isto é, o amor devendo terminar classicamente pelo casamento, que está em moda.

A moça ociosa, nos seus devaneios com um rapaz, nem sempre pensa em casamento. Pensa antes em distrair-se, em desfrutar a vida. Segundo a sua concepção, o casamento marcará o termo da saciedade do namoro.

Hoje em dia vai sendo raro que uma jovem chegue ao casamento com a imaginação e os sentidos isentos da profanação do amor de opereta, do amor para passar tempo.

A imaginação! Como domina sobre uma vida inútil, sugerindo extravagâncias e mais extravagâncias. Uma imaginação ociosa, necessariamente doentia; uma imaginação sobre a qual impera *Satan*!

Eis um dos terríveis sofrimentos ignorados da jovem mandriona: ela quereria voar, como uma bolha de sabão, em todas as direções, ao sabor da sua fantasia, e não a deixam. A vida, assim pensa, é uma fada amorável a derramar indistintamente, sobre todos, a inexaurível cornucópia das graças.

E, contudo, não se sente venturosa. E não o é, facilmente se convence, porque lhe tolhem a liberdade; porque o egoísmo paterno e arraigados preconceitos contra a mulher, impedem-na de ir colher a parte que lhe corresponde de felicidade.

Estas e outras tentações despertam-lhe n'alma, em maior ou menor grau, o desgosto da vida.

Na casa paterna tudo se lhe afigura desenxabido e triste.

As grades de um cárcere, certas vezes, não lhe parecem mais odiosas do que as portas daquele lar quando se fecham às suas tentativas de saídas insensatas.

A obediência aos pais é praticada — quando o é — exteriormente apenas, para que no fundo de sua alma se agitam ondas de revolta.

A vida doméstica, em virtude da rotina habitual, irrita-a com a constância do seu ritmo na repetição das tarefas caseiras, com a disciplina a que sujeita o espírito obrigando-o a mover-se num círculo de obrigações precisas, e com os largos silêncios, tão propícios à fecunda meditação para as almas ricas de seiva interior, quanto insuportáveis e fatigantes para as que têm o seu centro de vida no exterior, no bulício e na variedade das coisas.

A indiferença e, por fim, a apostasia religiosa completam o panorama sombrio de uma alma que, movida pela ociosidade, sente em si a vida inútil, vazia e aborrecida.

"Quem nada faz", diz um conhecido pedagogo, "tem tempo para mastigar e remastigar as suas mínimas contrariedades".

"Um homem entregue à moleza", adverte um escritor piedoso, "é fraco e pequeno em tudo. É tão tépido, tão insípido que Deus o vomita. O mundo, por sua vez, também o vomita porque ele igualmente nada quer que não seja vivo e sólido".

Nesse estado de espírito a jovem ociosa não vê na Igreja senão os seus preceitos negativos, ou melhor, suas restrições ao namoro, à paquera, à camaradagem dos sexos, às audácias da moda, aos divertimentos sem escolha nem medida, às reivindicações do feminismo emancipacionista, etc.

Dado o balanço nessa exposição sumária da ociosidade feminina apuram-se como resultado inevitável a melancolia, o desgosto do lar, a exacerbação dos instintos e a perda da fé.

A terapêutica a aplicar está indicada pelo próprio vício, na virtude que o contradiz: a laboriosidade.

Antes de tudo impõe-se à jovem o não permitir tempo vago em sua vida.

Já o autor da "Imitação" aconselhava, antecipando-se aos pedagogos ativistas: "Nunca estejas de todo ocioso, porém lê, escreve, reza, medita ou trabalha em alguma coisa de utilidade para os outros".

Verdadeiramente não há justificativa para a vida ociosa de tantas moças. Senão, vejamos.

Antes de tudo, lembremos que têm deveres de estado a cumprir, como filhas. A partir de certa idade, principalmente depois de concluídos os estudos, a jovem deve tomar para si e a sério, uma parte das tarefas domésticas como, por exemplo, o arranjo da casa, a conservação dos seus utensílios, as costuras, as prendas e outras atividades do ambiente caseiro.

Pode prestar um auxílio muito eficaz às mamães na administração do lar, ocupando-se com a escrituração das despesas, a organização dos orçamentos mensais, a fiscalização da criadagem e sua assistência, a confecção dos "menus", a verificação dos gastos, o exame dos gêneros adquiridos para o consumo quanto à qualidade, preço e peso, a vigilância sobre os trabalhos da cozinha, o levantamento de inventários das roupas e mais pertences da casa e sua atualização, o cuidado com os irmãos menores, o melhoramento dos métodos e condições do trabalho doméstico, etc.

Têm ainda deveres religiosos que não se limitam à assistência aos atos do culto. Assim, por exemplo, o melhoramento da sua cultura piedosa, a meditação, as leituras espirituais, as obras de apostolado etc.

E nada as impede de ampliar sua vida intelectual adquirindo conhecimentos novos ou desenvolvendo os antigos, se para ela sente vocação.

Não falta, assim em que a moça empregar útil e alegremente todo o seu tempo disponível, sem se ver na triste contingência de recorrer, de balde, às coisas vãs para fugir ao tédio e ao aborrecimento de si própria, e à desolação de uma vida marcada com o estigma da ociosidade.

Egoísmo

A jovem que não toma o hábito de estudar suas tendências à luz de uma boa consciência para conhecê-las, terá de pagar tributo a uma das mais tristes servidões: a do egoísmo.

Que é, afinal, o egoísmo?

A degradação de um sentimento indispensável e justo quando contido nos seus verdadeiros limites: o amor de si próprio.

Com efeito, uma vez corrompido, esse amor exclui todo afeto generoso para com os demais, apega-se demasiado às coisas pelo proveito próprio que delas resulta, transforma-se em uma inclinação viciosa.

Sob a sua influência a jovem se absorve completamente no cuidado de si mesma; relaciona toda ocorrência da vida ao seu programa de felicidade; condiciona mesmo sua atividade inteira a este fim preciso: realizar seus desejos, seus caprichos, todas as suas aspirações.

Por isso, onde quer que vá, se apossa do primeiro lugar. Julga-se com direito à maior e melhor parte de tudo.

É incapaz de renunciar seja ao que for.

Ao contrário: quer tudo, e se fosse possível, mais ainda...

Tomada da obsessão de si mesma, não é capaz de ver sequer o que se passa ao alcance dos seus olhos, como preocupação, como necessidade, como sofrimento que compete à sua solicitude aliviar.

O egoísmo é um vento mau que cresta os corações. Por isto, a jovem egoísta é indiferente à sorte e ao bem-estar alheio, até dos mais próximos, sem excluir o daqueles a quem deve o ser.

As lutas, os sacrifícios, as preocupações aflitivas, as privações de toda sorte — tudo quanto fizeram e continuam fazendo os pais como dedicação à sua pessoa, como desvelo pela sua saúde, pela sua educação e pelo seu bem-estar — tudo isso é sempre obra do passado e não conta diante de uma nova exigência da sua natureza; digamos, de um capricho novo que quer contentar.

Para as jovens egoístas, os pais como os amigos em geral, são simples meios para atingir o fim que elas se propõem: gozar.

Elas possuem, realmente, um amor desordenado aos bens da vida. Para sua desgraça, no entanto, são incapazes de despender energia em conquistá-los.

Ninguém, mais do que elas, teme os insucessos, ou melhor, ninguém vive tão tolhido pela preguiça e pela sensualidade.

O egoísta não luta; inveja ou trai. E é só pelos sentidos que se manifesta, a bem dizer, a sua vida.

Daí a necessidade que sente de distrações contínuas.

Não lhe bastam, porém, que os divertimentos sejam mais ou menos sucessivos.

É necessário ainda, para atender à sua ânsia de gozo, que sejam variados, ruidosos, mesmo violentos, porque no egoísta, há uma inevitável tendência para a insatisfação e a melancolia.

A jovem egoísta inclina-se muitas vezes para as leituras. Quando isso acontece é frequente que a tendência assuma o caráter de preocupação absorvente. E então a moça lê quase a todo momento; devora, digamos assim, brochuras e revistas.

É fácil verificar o que lhe estimula essa atividade infatigável do espírito: a simples curiosidade, uma curiosidade vã e mesmo culposa.

Uma curiosidade vã, pela própria natureza dos assuntos da leitura predileta: os requintes da vida mundana, os temas intensamente passionais, aventuras dramáticas ou burlescas em que é fértil o gênero policial, o anedotário, a reportagem de sensação etc. Em resumo: nada que enriqueça o seu conhecimento, a sua visão da vida e dê sentido útil e prático à sua existência.

Uma curiosidade culposa, porque tem como objeto nas leituras, de preferência, inteirar-se das indiscrições, notadamente de caráter escandaloso; conhecer na sua existência e em minúcia as paixões mais degradantes; devassar todos os segredos da vida, ainda os mais ignóbeis; alimentar com a literatura paganizada e mais ou menos abertamente licenciosa, sua tendência para a evasão, para a impureza, para o pecado.

A superficialidade, a frivolidade, o sensacionalismo ou a sensualidade, são notas; digamos, distintivas da leitura da jovem ociosa. Porém, o que mais a caracteriza é a ausência do trabalho de reflexão, de assimilação, enfim, do esforço propriamente dito da inteligência e a falta de reação da pessoa moral.

Só a memória, a imaginação e os sentidos permanecem despertos para receber as perigosas sugestões da leitura imprudente.

É evidente que a jovem egoísta tem como clima propício a preguiça, como já foi dito. Ela não aceita, sem revolta, mesmo para ser feliz, a condição de empregar algum esforço metódico e contínuo. Assim por exemplo, (para permanecermos ainda no terreno das suas leituras), ela bem compreende, em tantos casos, as vantagens da cultura, quando mais não seja, pelo partido que daí poderia tirar a sua vaidade. Mas, incapaz de esforço e trabalho como é, prefere oferecer o triste espetáculo da sua indigência mental.

Isto acontece, porque privar-se de bens momentâneos ou concordar com qualquer sacrifício imediato, mesmo tendo em vista um grande proveito futuro, exige um dispêndio de energia moral muito acima das reservas do preguiçoso, portanto do egoísta.

O egoísta, pela natureza mesma do seu vício, é realmente, já o dissemos, um invejoso. Como só aspira tornar a própria vida amável e feliz, sentindo faltar-lhe algo para aí chegar, inclina-se a desconfiar daqueles que vê contentes, pois os supõe na posse dos bens de que se sente ainda necessitado. E se entristece com o seu êxito, indigna-se com a sua prosperidade ou teme a sua ascendência.

Na maneira de fitar os amigos que porventura a tenham superado nalguma coisa — num sucesso mundano, na execução de alguma tarefa, num simples detalhe de elegância — a jovem egoísta denuncia a sua inveja. Há uma tal vibração de fluidos, um como cintilar de lâminas assassinas no seu olhar que momentaneamente se lhe desfigura a fisionomia tomando uma expressão amarga, cruel e rancorosa.

Não vamos fazer aqui o inventário de todas as depravações que o egoísmo atrai à volta de si para tornar ainda mais desgraçadas e detestáveis as jovens de cuja vida se apossou. Algumas, de resto, já foram anteriormente examinadas em particular, como o faremos, a seguir, com aquela que constitui, inquestionavelmente, o elo principal da cadeia dos vícios — o orgulho.

O egoísmo é, pois, em resumo, o amor exagerado de si próprio. Por este motivo, o egoísta, pagando tributo aos vícios da avareza, do orgulho, da inveja e da preguiça, tudo subordina à sua aspiração de bem-estar.

Tendo em vista o que ele é e aquilo a que conduz, uma palavra o define com toda a justeza: escravidão.

Acertou, portanto, o autor da "Imitação" ao dizer que "em escravidão vivem todos os que se amam e se buscam a si mesmos. Andam inquietos, ávidos, curiosos, buscando enfim o que adula os sentidos... nutrindo-se de ilusões e formando mil projetos que se dissipam".

Em escravidão vivem, assim, as jovens que buscam a felicidade na satisfação dos seus apetites, no absurdo programa de uma vida fácil que contente todos os seus desejos, preserve-as de toda contrariedade e as envolva num ambiente de complacência para com a sua pessoa.

Posto que ninguém haja mais fraco e dependente do que o que ama desordenadamente o mundo e seus prazeres, a luta contra o egoísmo deve ter como fito: a) fugir à sua escravidão; b) conquistar a liberdade interior.

Fugir à escravidão do egoísmo quererá dizer: fugir a todo apego excessivo às coisas, às convenções, às cobiças, às inclinações do gozo e da fantasia, ao que lisonjeia a nossa vaidade, ao que estimula o amor-próprio, ao espírito de mando, a toda obstinação em torno do que é nosso — nossas ideias, nossa maneira pessoal de julgar e sentir, etc.

Aspirar a ter um lar, desejar as alegrias da família, gostar do conforto, entreter amizades, cultivar os hábitos de sociedade correspondentes à própria condição, ter opinião própria sobre as coisas, defender um ponto de vista particular, mesmo apreciar o convívio com rapazes não contraria esse programa de vida — de fuga à escravidão do egoísmo — se a moça não faz desses pendores a razão principal da sua existência e se os harmoniza com os compromissos da sua fé cristã, que a obrigam a ter em conta, antes de tudo, o seu destino eterno, o amor à verdade, os deveres do seu estado, as conveniências da sua família e da sua idade e a obrigação do bom exemplo.

É incontestável que uma das maneiras eficazes de combater a tendência ao egoísmo consiste em cultivar a generosidade.

“Procura dar prazer e felicidade aos outros”, recomendava um pensador suíço cristão, apesar de não integrado na comunhão católica. Ele inculcava essa conduta como um expediente para nos tornarmos estimáveis aos demais.

É incontestável que não podemos conquistar simpatias ocupando-nos exclusivamente com os nossos interesses e a nossa pessoa.

O avarento não tem quem o preze e sim quem o deteste. E o egoísta, como já foi dito, no fundo do seu coração é um avarento.

Sendo, porém, generosos para com os outros, em geral, colhemos, como recompensa, a sua afabilidade.

Quando essa recompensa falha, tantas vezes assim acontece

porque exigimos demais: exigimos a gratidão, que é um sentimento demasiado nobre para formar o lastro de todos os corações.

A conquista da liberdade interior. Essa fuga, porém, às fementidas atrações do egoísmo e esse apelo à generosidade calculada visando um proveito pessoal, portanto de fundo egoístico, não nos conduzem ainda ao pleno domínio de nós mesmos — à liberdade interior.

A liberdade interior, em sua plenitude, é o apanágio dos que ouvem e seguem esta palavra de sabedoria: "Deixa aos vãos as coisas vãs e tem cuidado do que Deus te manda" (I "Imit." XX, 9).

Haverá, porventura, quem possa duvidar da paz de espírito, da força interior e da alegria profunda e indestrutível de uma alma que se abandona generosamente nas mãos de Deus?

Poder dizer em cada circunstância: "faça-se a vontade de Deus e não a minha", nos momentos prósperos como nos adversos, haja alegria ou sofrimento, seja propícia ou contrária a nossa sorte, é ter na verdade atingido um grau eminente de independência sobre o mundo e as suas servidões.

Está aí a chave do segredo da intrepidez dos mártires, da perseverança dos confessores, de toda renúncia, especialmente de sentido heroico, para a consagração total ao serviço de Deus no bulício da vida ou na solidão dos claustros.

Não é em todo caso indispensável essa perfeição de vontade para que uma jovem ordene os atos de sua vida de modo a conquistar a liberdade interior.

Deus não pede a todos a renúncia efetiva aos bens do mundo. E desde que nos concedeu vocações tão diferentes, entende-se que aprova os vários estados de vida que correspondem a essas vocações.

Assim, portanto, não é indispensável à jovem mudar sua condição social, se é digna, ou adaptá-la às normas de austeridade próprias de uma vida de reclusa, para obter essa liberdade interior. O que se lhe pede é que tenha sempre em mira a virtude que deve cultivar para não cair na escravidão do egoísmo.

Sabendo que um costume com outro se vence, saberá igualmente que ao do passatempo, da curiosidade, do "ir e vir sem finalidade", do devaneio, da inconstância, da negligência, da irreflexão, das leituras inconsideradas, das conversações ociosas, do vestir imodesto, e outros que caracterizam uma existência frívola e inútil devem suceder no coração o gosto pelos grandes sentimentos, pela edificação do caráter e das convicções, pelas leituras formativas, pela ponderação em todos os atos da vida, pela compreensão da lei moral, pelo progresso espiritual do meio e sobrenatural das almas.

Num mundo tão cheio de problemas inquietantes como o nosso, que abre um campo quase infinito à atividade feminina e que tanto necessita da sua generosidade, seria imperdoável que a jovem insistisse em aspirar uma vida de ócio, de regalo e de puerilidade.

Uma existência assim, hoje em dia, só se manteria por meio da usurpação, pois a planta estéril não tem direito a nutrir-se com a seiva de um solo regado a sangue e lágrimas como é o do mundo contemporâneo.

O Orgulho

O orgulho, é bem sabido, foi o primeiro pecado verificado na criação. Dele, na realidade, se geraram os demais. Assim, não há culpa, não há imperfeição que não tenha suas raízes imersas nesse mau.

Em essência o orgulho é o egoísmo elevado à última potência, isto é, o amor de si próprio na sua maior exaltação.

Esse amor assume quase infinitas modalidades. Veremos aqui, muito sumariamente, encarnado na jovem, as principais.

A moça orgulhosa, possuindo ou não qualidades, desvanece-se demasiado da sua pessoa e dos seus bens, mesmo hipotéticos. Assim, ao que diz e tantas vezes crerá, comparando-se com as outras, ninguém é tão bela, ou tão inteligente, ou tão culta, ou tão rica, ou tão prendada, ou tão espirituosa, elegante, bem nascida, etc. Ensoberbece-se dos seus predicados, mesmo os nativos, e dos seus bens, mesmo os que são banais, como se fossem únicos e devidos ao próprio mérito.

A cooperação recebida dos pais, dos mestres, da sociedade é facilmente olvidada. E mesmo Deus, que é o verdadeiro dispensador de todos os bens, não é levado em linha de conta.

Tudo o que ela possui e até o que supõe possuir, como que lhe adveio por via de justiça, ou seja, como se a tudo tivesse direito. Não vê, por isto, motivo para agradecimento ou modéstia.

Ao contrário, parece-lhe permitido impor à admiração geral os títulos que lhe dão ou julga que lhe dão primazia sobre as demais. E por isto, é com um ar dominador ou exibicionista que se mostra em sociedade como que desejosa de ofuscar com o seu brilho pessoal, falso ou verdadeiro, o que possa haver nas outras de singular.

Assim procede porque ao orgulhoso não basta distinguir-se entre os seus semelhantes, nem que o incensem com a lisonja e o aplauso; é-lhe indispensável também a humilhação dos que poderiam com ele concorrer naquilo que constitui o objeto da sua soberba.

Daí a razão pela qual para a jovem orgulhosa tem como uma necessidade imperiosa o deprimir as amigas que mais se destacam nas qualidades ou requisitos que possui ou crê possuir.

Em todo o caso, ela sente bem que a maledicência para com as amigas e mesmo o desprezo que aparentemente lhes vota, quando verifica que possuem algum valor ou alguma estima, não bastam para assegurar o êxito da sua maior ambição: ser preferida entre todas. E socorre-se então de um conhecido expediente: a hipocrisia. Procura parecer melhor do que é, como certos metais que à custa de substâncias estranhas adquirem um brilho fugaz.

Deste modo o luxo, as tintas, as pastas e demais ingredientes da penteadeira feminina, as leituras pseudocientíficas, certas espaventosas liberalidades e uns tantos aparatos de porte, de linguagem e de linhagem são utilizados pela jovem orgulhosa com o intento visível da mistificação, isto é, de causar nos outros uma impressão favorável em relação à sua pessoa e seus atributos.

Como a presunção é companheira inseparável do orgulho, a jovem orgulhosa é também terrivelmente obstinada nas suas ideias, melhor dito, nas suas opiniões, convencida de que ninguém possui melhor cabeça, mais discrição, mais sabedoria do que ela. Dado que assim é, está certa de que tudo o que vê, vê como ninguém e não admite que haja mais lúcido raciocínio do que o seu. Assim sendo, julga inúteis ponderações e conselhos seja de quem for.

A experiência, a idade, a melhor cultura, enfim tantos dados que entram em jogo no julgamento são deste modo soberanamente desprezados. À jovem orgulhosa, bastam-lhe as suas intuições, ou antes, sua pretensão. Ela estima-se demasiado para admitir em relação a si própria, palavras que não sejam de assentimento e louvor.

Precisamente, porque é assim presunçosa, o que mais aspira é a emancipação.

Emancipação da tutela dos pais — daí tantos casamentos intempestivos; emancipação econômica — daí a febre de emprego ou ocupação remunerada; emancipação do próprio sexo — daí a competição com os homens até na grosseria das atitudes e em costumes viciosos como o fumo, a bebida e as "noitadas"; emancipação mesmo de Deus — daí tanta atitude falsa e ridícula de pobres adolescentes pouco mais que alfabetizadas, que se apresentam como "espíritos fortes", como pessoas libertas da superstição e da fé... que não creem em Deus embora creiam ingenuamente na sinceridade e na ciência de criaturas abortivas cujos nomes a própria sociedade ignora, que exploram sua vaidade natural e, mais do que isto, sua parvoíce incutindo-lhes prevenções contra a Religião, sua e dos seus maiores.

É compreensível que o orgulhoso descambe fatalmente para a desobediência. Habituado a se colocar na culminância de tudo, hipertrofiado no seu eu, não amando senão aquilo que afaga a sua vaidade, exalta o conceito que tem de si próprio ou contribui para dar maior destaque aos seus méritos, a ideia de dependência se lhe afigura extremamente mortificante e lesiva à expansão da própria personalidade.

Daí o tomar partido ou sua simpatia pelos movimentos histéricos do emancipacionismo feminino e outras reações da mesma espécie, com que a jovem moderna pretende afirmar seus direitos à liberdade — uma liberdade entendida no sentido da plena posse de si mesma, isto é, de governar-se segundo a sua concepção pessoal da vida, sem que ninguém se arrogue o direito de constrangê-la a fazer aquilo que sua vontade repele.

De resto, o hábito contraído de crítica imprudente e mesmo sistemática aos que têm autoridade sobre si, tê-la-á preparado não somente para a desobediência quanto para a revolta contra todo poder.

Dado o balanço no orgulho, pode-se dizer em resumo que o caracterizam: um desejo insaciável de consideração e de louvor, isto é, *vanglória*; uma tendência desordenada a falar de si e dos próprios méritos, isto é, *jactância*; uma exibição espetaculosa da sua pessoa pela arrogância e pelo luxo, isto é, *ostentação*; um aparato intencional de falsas virtudes, isto é, *hipocrisia*; uma intolerância em repelir a autoridade e as ideias alheias e em impor suas próprias veleidades e opiniões, isto é, *presunção*.

A sombra desses vícios, sob o clima propício do orgulho, tantos outros proliferam, justificando pois a nossa afirmação inicial de que não há imperfeição humana que não tenha suas raízes imersas nesse mau; ou melhor, confirmando o ensino de Bossuet: "Não presumais de vós mesmo, porque isso é princípio de todo pecado".

Nada mais se faz essencial acrescentar, assim pensamos, para advertir quanto à gravidade da atitude do orgulhoso perante Deus e a vida.

Faremos, no entanto, uma breve consideração sobre a extensão desse pecado.

Neste particular a primeira observação que nos ocorre é a seguinte: a grande maioria dos orgulhosos o é inconscientemente.

Na realidade em poucos homens a soberba se originará da convicção de serem princípio e fim de si mesmos.

Só os ateus possuem esse triste privilégio. E ateus sinceros, quase não existem, segundo opinou um que talvez o fosse — Le Dantec.

Sabido, no entanto, — e esta é a segunda observação que vem a propósito — que considerar-se o princípio de si mesmo é ver com vidros de aumento suas qualidades pessoais; é colocar-se em primeiro lugar na própria estima; é pecar por falta de indulgência na crítica aos seus semelhantes, furtar-se às censuras merecidas e ao jugo da autoridade legal; do mesmo modo que se ter em conta de fim de si próprio é gostar de ser lisonjeado, amar os aplausos, os cumprimentos pelas boas obras que faz, e querer que todos o agradem e lhe prestem serviços, dá vontade de perguntar como o fizeram os discípulos ao Divino Mestre quando lhe ouviram dizer que "é mais fácil um camelo passar pelo fundo de uma agulha do que entrar um rico no Reino do Céu: Então quem poderá salvar-se?", quem estará isento do pecado do orgulho?

Ambas as observações levam a concluir que não havendo sobre a terra quase ninguém que — uns mais outros menos — deixe de pagar tributo a essa imperfeição, será o pecado do orgulho, o pecado capitalíssimo da humanidade, o inimigo principal das nossas almas, da sociedade, da religião e dos bons costumes.

Tal conclusão deve levar-nos à firme decisão de combater o orgulho em todas as modalidades, ainda as mais sutis, com que se manifesta em nossa vida. E para combatê-lo com eficácia quer nos parecer, no que de nós depende pessoalmente, bastará a observância de uma regra muito simples que é, no entanto, fundamental para o progresso no caminho da perfeição cristã: tudo referir a Deus.

Assim a beleza, a inteligência, a cultura, a graça, a fortuna, o prestígio, a virtude, a alegria, o amor, tudo quanto é suscetível de despertar-nos a vaidade e o amor próprio seja atribuído ao verdadeiro autor do Bem, criado e incriado.

E isto não seria de todo difícil se nos habituássemos a meditar esta verdade indiscutível e simplicíssima: de nós mesmos nada somos, nada podemos e nada valemos.

O SENTIMENTO DO PUDOR

Um sentimento que vai ficando cada vez mais raro na mulher moderna é o do pudor.

O fato é tão evidente que dispensa qualquer esforço para demonstrá-lo, pois sua manifestação é flagrante no uso dos trajes excessivamente curtos e colantes, na extrema redução das roupas interiores, no hábito de quase nudez com que senhoras e senhoritas se apresentam nas praias, na desenvoltura das suas maneiras, nos lugares públicos, na sua familiaridade com as leituras escandalosas e as cenas de bordel impunemente reproduzidas no palco e nas telas.

Começa mesmo a ser comum, principalmente nas grandes cidades, que as moças não somente não tenham pudor como julguem uma inferioridade possuí-lo.

Por isto não será difícil encontrar jovens, mesmo adolescentes, capazes de atitudes audaciosamente impudicas somente para demonstrar que são espíritos fortes, desempoeiradas, que são pessoas emancipadas do que nesciamente chamam os "preconceitos sociais".

Chegou-se afinal, neste particular, a uma situação absurda e contraditória: apesar da preocupação de afastar e combater o pudor, são hoje bem poucos, entre os seus inimigos, os que não esgrimem com fantasmas, os que sabem o que ele é.

Examinemos o fato e as reflexões que ele sugere.

O Despudor Feminino

Como vínhamos dizendo, a moça moderna, nas grandes cidades e em grande número, repele o sentimento do pudor. Nada haverá, talvez, que tanto a mortifique quanto o ser considerada ingênua.

Chega a ser ofensivo...

Mais de uma vez temos ouvido adolescentes protestarem, nestes termos, com indignação: "Eu não sou ingênua!"

Lembramos, a propósito, um episódio que presenciamos há alguns anos, na Avenida Rio Branco, coração do Rio de Janeiro.

Uma jovem, entre os dezoito e os dezenove anos, contava a um cavalheiro — conhecido homem de letras — que a mãe lhe proibira de ler certo livro de histórias brejeiras então muito em voga, porque o considerava impróprio para uma pessoa da sua idade.

Ao terminar a narrativa, concluiu com um ar de enfado: "Mas eu não sou ingênua!"

— "Pois não parece!" retorquiu-lhe o cavalheiro, despedindo-se em seguida.

Notamos que esta resposta, inesperada, muito surpreendeu a jovem. Não sabemos, entretanto, se ela acaso apreendeu o sentido da réplica, uma vez que, em geral, as mocinhas desse estofo ignoram que se a ingenuidade é uma atitude de "simplicidade extrema" perante as coisas ou na maneira de julgar os fatos e as pessoas, neste caso não haverá pouca ingenuidade em certas rebeldias que raiam pela insensatez ou a pretensiosidade.

Para tais cabecinhas, no entanto, não ser ingênua significa, apenas, não ter mais os olhos fechados para os aspectos repugnantes da vida; não ignorar o que anda por aí afora como corrupção, como solicitação aos seus instintos inferiores; não desconhecer as paixões da carne, as mais abrasadoras. E uma vez adquirido esse conhecimento como o devem ter as pessoas mais vividas e mais experimentadas, não veem mais motivo para se enrubescer ao ouvir uma palavra obscena, para se indignar com uma proposta desonesta ou para se revoltar contra a exibição do que é torpe.

Uma jovem moderna, portanto, necessariamente forte, em tais circunstâncias, segundo pensam, pode e deve mesmo sorrir com desdém, recusar simplesmente e não dar atenção ao que expõe. Nada mais.

Envergonhar-se ou indignar-se seria admissível nas moças antiquadas, nas moças do outro tempo ou nas afetadas.

Em tudo saber, consiste a fortaleza da mulher, afirmam com convicção. E isto porque, tudo sabendo, assim o dizem, defendem-se melhor, sentem-se mais adestradas para lutar contra as ciladas do mundo.

Este conhecimento e o trato mais íntimo com a gente do outro sexo — temos ouvido isto tantas vezes! — dão à moça moderna um domínio sobre si mesma e uma inteligência das situações, das pessoas e da vida a tal ponto que se reduzem ao mínimo os chamados perigos da idade.

Por outro lado, há entre elas quem creia que o cuidado exterior na observância da máxima discrição no vestir, no contato com os homens de qualquer idade, nos costumes, enfim, que possam influir perniciosamente sobre a sua condição de mulher, resulta de ordinário, contraproducente. Querem dizer com isso que antes suscitam do que evitam a malícia.

Não ter vergonha de nada, é bem o ideal da jovem moderna. Para ela o essencial, o que conta, é não fazer o mal.

Acha mesmo que é preferível ter familiaridade com o vício para que ele perca o atrativo que existe em todo fruto proibido.

Sobretudo, parece-lhe não somente lícito, porém até aconselhável, toda intimidade que é possível ter em público com rapazes da sua condição, para que, por seu lado, acostumando-se ao contato com as moças, mesmo em traje sumário como o maiô, percam eles o mau hábito de lhes deitar olhos gulosos e de perturbarem-se diante de uma jovem, que num gesto ou numa postura qualquer, desvenda mais alguns centímetros de perna ou de colo além do que é de costume expor.

Não compreende a jovem moderna que um rapaz que frequenta assiduamente praias, cassinos, teatros, cinemas, enfim os pontos em que a seminudez feminina é de rigor, possa permanecer um descontrolado na sua sensibilidade, possa ainda permitir à sua imaginação o desmandar-se no frenesi das imagens impudicas.

Mais de uma jovem se tem pronunciado desta maneira diante de nós.

Contou-nos há tempos um amigo de nacionalidade francesa que vive no Rio de Janeiro, que tendo feito relações com uma família carioca, notou que a única filha do casal (moça de 18 a 20 anos) se excedia na maneira de seguir a moda, usando vestidos demasiado colantes. Estabelecida intimidade entre ele e a jovem, um dia chamou sua atenção para este excesso.

Ouviu dela então, como resposta, que não via mal algum no que fazia; que por si mesma tirava a prova pois onde quer que se encontrasse com rapazes, mesmo tão pouco vestidos como nas praias, isto não lhe causava a menor impressão. Entendia, aliás, que se algum homem se sentisse provocado com o que ela fazia tão naturalmente, na melhor das intenções, nada tinha a ver com isso, pois não se sentia obrigada a pautar seus atos de acordo com a malícia alheia.

Esta resposta é sintomática no que diz respeito no estado de espírito da jovem dos grandes centros urbanos.

Não compreende igualmente a moça moderna, emancipada do pudor (que tristeza!) a insistência e o rigor dos padres em condenar sua desenvoltura de maneiras.

Que têm com isso os padres! Objetou-nos certa vez uma jovem dos seus dezoito anos. E acrescentou: "O proceder assim nunca me impediu de cumprir meus deveres religiosos, nem a mim nem a muitas amigas cuja vida conheço de perto".

"Nunca cheguei a alcançar", disse-nos uma outra, talvez um pouco mais avançada na idade, e com a preocupação de passar por espirituosa, "a razão pela qual alguns centímetros a mais na largura e no cumprimento de um vestido possam decidir o destino eterno de um cristão."

Uma terceira, já chegando à idade clássica da "titia", emboscada atrás de uma verdadeira máscara de pós, pomadas e tinta escarlate, fez diante de nós este comentário, a propósito de uma prática contra a maquiagem que acabara de ouvir na sua matriz: "Os padres já não têm mais o que dizer".

Em resumo: a moça moderna considera-se emancipada dos "preconceitos sociais". Por isto tem horror a parecer ingênua e mesmo a parecer que tem vergonha seja do que for. Não teme e até procura uma certa familiaridade com os perigos do seu estado, lastimando-se de que os pais e os padres obstinem em afastá-la das ocasiões em que possa demonstrar que não tem medo de nada...

Fatores do Despudor Feminino

Segundo se depreende do que ficou anteriormente dito, a moça moderna forma uma ideia falsa a respeito do pudor. Daí o considerá-lo como uma incômoda demonstração de inferioridade, como um sinal de fraqueza, de ignorância e mórbida timidez.

Examinaremos agora os principais fatores que concorrem para esse equívoco, apreciando em primeiro lugar, por ser realmente o primeiro na ordem cronológica, o resultante da educação que ela recebeu na casa paterna durante a infância e mesmo até depois de ultrapassado o limiar da adolescência.

É desgraçadamente um fato de vulgar observação, que na

primeira idade dos filhos, os pais muito frequentemente não demonstram possuir, em relação a eles, a verdadeira noção do respeito a que têm direito em virtude do seu caráter sagrado. Dir-se-á que para tantos e principalmente para tantas mães, o filhinho é mais um boneco de preço ou um animalzinho de luxo, do que uma criatura saída das mãos de Deus, depositária, pelo sacramento do batismo, do mistério da Redenção — um templo vivo onde habita o Espírito Santo.

E com efeito assim é, pois a esse tempo já o verbo vestir perde o seu rigor lexicológico. Mais do que "cobrir com vestes", como insistem em dizer os dicionários, significa enfeitar com fitas, com rendas etc., e um mínimo de tecidos protetores.

Há mesmo muitos pais, que "por motivos higiênicos", sobretudo na estação calmosa, mantêm os filhos em quase nudez, mesmo em plena nudez, especialmente tratando-se de meninos.

Acontece ainda que à medida que as crianças vão tomando conhecimento do mundo exterior alguns pais — senão eles, umas titias disponíveis ou amigos íntimos da casa — encarregam-se de lhes despertar precocemente n'alma a malícia com brincadeiras de namoro e outras que, devido às inquietudes próprias da mocidade, lhes parecem, então, inofensivas.

E assim vão sendo os filhos tratados, em muitos casos até além das manifestações exteriores da chegada da puberdade.

É, portanto, quando já está contraído o hábito da falta de recato, que, um dia, a mãe surpreende a filha com a exigência de precauções alegando que se fazem necessárias, porque ela se tornou moça.

"Tarde piaste!", era bem o caso de responder-lhe, porque daí por diante dificilmente admitirá a filha restrições a uma liberdade que considerava já incorporada à sua vida, e para cuja renúncia a razão que a mãe alega lhe parece bem infundada.

A esse tempo a adolescente faz sua entrada na sociedade. Inicia-se nos teatros, nos cassinos, na vida mundana etc.

Já antes se familiarizara com o cinema, as praias e outras diversões nada propícias à formação da virtude da pureza.

E que vê então? Por toda parte a contemporização com a leviandade de costumes.

O nudismo é aí aceito como expressão de arte; o vício, como requinte de elegância, e a pouca vergonha, como exigência da própria natureza.

E como se isso não bastasse, observa que o "rádio", a literatura, os desportos, as festas mundanas, tudo estimula e fortifica as audácias da mulher contra as virtudes do seu sexo.

Ademais, acotovela-se na sociedade com senhoras e senhores de reputação duvidosa e mesmo demasiado conhecidas pela sua conduta irregular que, nem por isso, as fazem desmerecer na consideração de seu meio.

A princípio espanta-se com o que lhe revelam da vida de uma e outra e mais outra, e mesmo se escandaliza com o que os seus próprios olhos veem.

Depressa, porém, se dá conta de que, no "grande mundo", o que prevalece como regra no capítulo da moral é a indistinção. E, da mesma maneira, de que a chamada "boa sociedade" é filantrópica, é soberanamente condescendente para com todas as fraquezas humanas, só lhe importando que essas fraquezas não se estendam às finanças dos que lhe pagam tributo.

Haja com que alimentar o luxo, os caprichos dos salões elegantes, a ociosidade que se estadeia nas praias, nos bares, nos clubes, nos salões de festa, nos cassinos e cabarés — onde quer que por dinheiro se ofereçam prazeres fáceis — e aquela nunca assaz decantada sociedade tudo esquecerá, tudo desculpará, tudo sancionará com abundância de coração.

Adquirida essa triste experiência, nossa jovem muito naturalmente se persuade de que houve exagero na doutrinação moral do colégio e do lar (admitido que tenha havido essa doutrinação), e até de que foi enganada pelos pais e pelos mestres. Inclina- se, então a ver em cada manifestação de pudor uma hipocrisia. E passa, assim, a não distinguir o pudico do pudibundo, isto é, aquele que realmente se indigna diante de um ato desonesto, do que apenas afeta essa indignação; aquele que reage por virtude, do que reage por ostentação; aquele que é movido por impulso interior da sua sensibilidade moral, do que o é, simplesmente, na melhor das hipóteses, por uma banal conveniência do decoro exterior.

Em tal estado de alma é lógico que se envergonhe das reações espontâneas da sua boa natureza perante o espetáculo da impudicícia alheia, como aconteceu a certa jovem senhora a quem vimos corar em uma dessas circunstâncias, e que nos disse vexada, como a desculpar-se da sua honestidade de espírito: "Ainda não consegui me libertar desta tolice".

Aos fatores assinalados junta um que é então decisivo para consumar a obra da ruína do pudor nas almas: o argumento que a moça tira da sua própria vida.

Está entendido que só nos referimos à moça que permanece, bem ou mal, filha de família.

"Com efeito, diz ela de si para si mesma, apesar do que vejo e do que suspeito de mau em volta de mim, em ambientes mais ou menos impuros, nem por isto me sinto inclinada a seguir o exemplo das pervertidas. O conhecimento do mal abriu-me os olhos para a vida. Considero-me agora mais apta para lutar com os seus perigos".

Feita esta reflexão, generaliza o seu caso pessoal. E para dar razão aos que afirmam que o mal não está nas coisas e nas ideias, e sim, nos corações corrompidos, aceitará como um princípio axiomático, que a íntima convivência entre os jovens dos dois sexos — a camaradagem — se impõe no interesse mesmo da preservação dos costumes.

Em conclusão: a incoerente educação no lar paterno, a moral fácil do ambiente mundano com que toma contato no início da sua juventude e o complacente conceito que forma da sua pessoa são os principais alicerces que repousam suas prevenções contra o pudor.

O COMPANHEIRISMO

Uma realidade à qual não se pode fechar os olhos hoje em dia, nos costumes da juventude moderna, é o que se convencionou chamar "companheirismo", ou seja, segundo o que aqui já foi dito, uma convivência íntima, sem vigilância e frequentemente sem razão motivada; uma convivência, enfim, como de pessoas emancipadas, entre jovens de ambos os sexos e, mais ou menos, da mesma condição social.

A atitude dos pais e educadores, em relação a ela, diverge profundamente.

Uns adotam a tática da avestruz que, como é sabido, na hora do perigo oculta a cabeça sobre as asas. Outros se mostram otimistas e entusiastas. Outros, ainda, reagem violentamente contra ela.

Entre os primeiros, o que os determina a proceder assim, é o seu próprio egoísmo. Não estão para maçadas. Os filhos que se arranjem como eles aprenderam: no embate com a vida.

A outros, são preconceitos pedagógicos que os levam a abrir mão da sua autoridade na conduta dos filhos adolescentes, convencidos, como se acham, de que só as realidades da vida sabem educar.

Os filhos, portanto, que se lancem, e quanto antes, à sua experiência. Depois de se fartarem de bater com a cabeça contra a parede, dizem consigo mesmos, terminarão por sossegar e ouvir a voz da razão.

A categoria dos que reagem de modo mais obstinado, pertencem os que só encaram o "companheirismo" pelo prisma dos seus inconvenientes. Indignam-se contra ele porque neutraliza e mesmo elimina sua influência e até a sua autoridade sobre os filhos, num período de vida tão delicado, e tomam contra ele a atitude de hostilidade irredutível negando-se a admiti-lo.

Segundo o seu critério, tudo deve voltar atrás. E voltará, assim o fazem crer, logo que triunfem os esforços dos que lutam para que o mundo passe de novo a girar entorno das ideias conservadoras.

Todas essas atitudes, como veremos dentro em pouco, são equivocadas.

O "companheirismo" é uma realidade inelutável dos nossos tempos. Nada adianta fingir que se não o vê, tentar diminuir-lhe o alcance ou excitar-se contra ele. Não se desfaz assim um costume que se generalizou.

Melhor será procurar ver as coisas como elas são, recluir a nossa cólera ou o nosso entusiasmo, desarmarmo-nos interiormente e examinarmos o problema com espírito largo, compreensivo, de modo a nos elucidarmos não somente sobre as suas incontestáveis desvantagens como sobre as suas vantagens também incontestáveis a fim de sabermos agir com espírito realista; e, deste modo, não somente limitarmos os seus estragos como tirarmos o partido que é possível tirar desse novo hábito da gente nova que aí está.

É o que vamos empreender, começando por dar um balanço, tanto quanto possível, objetivo, nos "'prós" e "contras", isto é, nos fatores positivos e negativos do "companheirismo", sem ideias preconcebidas, sem nos colocarmos na posição absurda de negar assentimento ao que é normal na intimidade dos jovens, somente porque essa intimidade tem sido prejudicial a tantos, ou porque ela não se ajusta às ideias do tempo e do meio em que se passou a nossa juventude.

Fatores Positivos do Companheirismo

Antigamente, como é sabido, o círculo em que se movia a jovem era bem acanhada.

Sua existência decorria, em grande parte, no ambiente repousado da família.

Pelo menos até atingir a idade da apresentação na sociedade, seu contato com o mundo exterior era mais ou menos acidental. E em tais contatos, mercê da vigilância que sobre ela se exercia, não era comum se lhe oferecessem oportunidades de submeter a provas decisivas seus dotes de perspicácia, a energia do querer e a capacidade das suas resistências morais.

Além disto, a concepção de autoridade tolhia até certo ponto, mesmo no meio familiar, a expansão da sua personalidade, dado que os pais mantinham os filhos a distância, parecendo-lhes pouco conforme com o seu prestígio tomar em consideração, sequer ouvir-lhes a opinião mesmo sobre os assuntos que mais de perto o interessavam na sua educação e no seu destino.

É, portanto, inegável que deste modo ficava sem se realizar uma grande parte da sua vida pessoal; que ficavam, pois, incultas muitas virtudes da sua pessoa moral, correndo mesmo a jovem o risco de se instalar num mundo imaginário, tão distante das realidades da vida quanto nos encontramos distantes do sol ou da lua.

Sendo assim, deve-se admitir que no que diz respeito ao espírito de iniciativa, no julgamento das várias e às vezes tão contraditórias situações em que se poderia encontrar na sociedade, no conhecimento da psicologia masculina, como na inteligência de si mesma e das realidades da vida, era de regra que ficasse aquém das suas possibilidades de compreensão e ação.

A esses inconvenientes pretende remediar o "companheirismo". Dele se espera que com a liberdade que supõe nas relações da gente nova haja mais naturalidade no trato recíproco, habitue-se a jovem a se impor ao respeito dos seus jovens amigos, exercite-se no discernimento dos caracteres, aprenda a melhor distinguir o sonho da realidade, adquira uma compreensão mais exata dos obstáculos que encontra pela vida afora de modo a não temer e mesmo a aceitar corajosamente o sacrifício e a luta que supõe a realização de um ideal ou de uma vida.

Em poucas palavras, o "companheirismo" treinará a jovem nestas virtudes: aprender a conhecer-se, a conhecer os demais e a fazer-se respeitar.

Assim encarado, não será um mal. A liberdade, portanto, de que goza a jovem moderna, de acordo com o que diz o jesuíta Buck, poderá servir ao seu progresso moral. E cabe admitir que ela salvaguardará melhor a juventude feminina contra os perigos da idade do que o regime fechado, baseado sobre a ignorância do mal e a imposição de comportamentos exteriores que não correspondem a convicções bem arraigadas — regime em que se educaram as velhas gerações, mas incontestavelmente inaplicável à época em que vivemos.

Fatores Negativos do Companheirismo

Por desgraça, a medalha do "companheirismo" também tem reverso. É o que agora procuraremos examinar com toda a imparcialidade.

Chama-nos a atenção, em primeiro lugar o seguinte fato: o "companheirismo" dispõe a jovem para a vida dispersiva, tomando ela o hábito de ausentar-se frequentemente do lar para encontros com rapazes, para acompanhá-los em passeios, festas e excursões; para se lhes reunir nos cafés, aqui, ali, com ou sem propósito.

Naturalmente esse encontro amiudado desenvolve o costume da conversação frívola em que são exímios os galanteadores, os que "têm piada" e os conhecidos "línguas de trapo".

Uma consequência quase fatal desses encontros consiste em estabelecer aproximações demasiado íntimas entre certo rapaz e certa moça, terminando afinal o grupo por se dividir em vários casais que se isolam uns dos outros em conversas privadas e prolongadas nos quais se fazem mútuas confidências de particularidades da sua vida e do seu lar.

Pensa a jovem que nisto não pode haver nenhum mal, pois nada a impede de se ligar a um rapaz pelos laços da pura amizade.

Será apenas sua amiga, ou sua "amiguinha", como se diz agora...

Acontece, no entanto, que estabelecida essa suposta amizade entre eles, parece-lhes que podem confiar ao máximo em seu afeto e dar liberdade ao carinho recíproco.

"Aos 20 anos", diz Mauriac, "gostar de alguém, é confiar-se a ele".

Chegadas as coisas a esta altura, no entanto, é quase inevitável que se formem situações equívocas, seja pela suposição infundada, frequentemente por parte da moça, de que a amizade evoluiu no sentido do interesse matrimonial, seja por um despertar inesperado dos prazeres do sentido, que a torna complacente com a concupiscência do rapaz o tanto mais complacente quanto mais se tranquiliza com a falsa segurança de que não passará, nas concessões, de um certo limite, e até pela convicção de que nenhum mal existe em certas demonstrações exteriores de ternura como abraços, beijos, etc.

Veremos então o "companheirismo" degenerar em paquera, em namoro etc., na entrega ao pecado, segundo se depreende das novelas e romances cujos enredos se passam em tal ambiente.

Isto se confirma, de um modo mais realista, nas confidências feitas aos deploráveis dirigentes mundanos que pontificam nas revistas de modas, nas quais vamos encontrar, com impressionante frequência, confissões assim categóricas:

"Um passeio de automóvel, escreve uma jovem, mudou completamente o rumo de minha vida, e agora receio que ele fuja às responsabilidades".

Uma outra, relata nestas poucas palavras seu infortúnio:

"A intimidade demasiada e longos passeios de automóvel em sua companhia acabaram inutilizando a minha vida".

Objetar-se-á talvez que nem sempre as coisas chegam a tais extremos.

Graças a Deus é isso verdade. Cabe, no entanto, replicar que as más consequências de uma tal intimidade não são apenas as indicadas. Outras existem, provavelmente menos graves, porém ainda assim graves também, como por exemplo: o entorpecimento da sensibilidade no que diz respeito ao pudor; o estímulo das tendências egoísticas do ponto de querer fazer da vida um gozo; o gosto pelas diversões fora do lar; o desencanto pelos afazeres domésticos; a formação precoce de uma vontade exigente ou imperiosa de pessoa emancipada; a familiaridade com o calão e os costumes desenvoltos; uma confiança baseada sobre ilusões perigosas quanto a si própria (em sua força e sua invulnerabilidade) ou quanto aos princípios da conduta moral em relação aos quais é de regra, nessa idade, se tenha uma noção precária.

Que deplorável influência terá tudo isso sobre o caráter e a saúde física da moça em geral? E, contudo, não param aí os inconvenientes do "companheirismo". Citemos, ainda, um dos mais frequentes e, também, dos mais penosos para o coração dos pais:

a diminuição da amizade e do respeito filial por influência das opiniões que são levianamente emitidas sobre os mesmos em rodas de juventude.

Com efeito, não é nada raro ouvirem-se aí palavras irreverentes e até injuriosas contra este pai ou aquela mãe, sem protesto e mesmo com a aprovação do filho presente; expressões como estas: "tua mãe é uma tola", "teu pai é um atrasado", "não faças caso de teu pai ou de tua mãe".

Lembramo-nos a propósito, de certo pai, ainda jovem, aliás simpático ao "companheirismo", que se encheu de prevenções contra ele ao verificar num grupo de adolescentes a maneira desrespeitosa com que uma delas, aplaudida por uma gargalhada geral, se referiu aos seus progenitores.

Ocorreu o fato em Lisboa. A jovem em questão comunicava aos companheiros que pretendia fazer dentro de poucos dias uma viagem. Perguntando-lhe um dos presentes se iria sozinha, respondeu com um termo gíria:

"Não, levo a *bagagem*".

A bagagem eram o pai e a mãe...

Não queremos findar estas observações sobre as infelizes consequências da intimidade entre os jovens dos dois sexos sem chamar a atenção para uma das mais deploráveis: a saciedade.

Com efeito, verifica-se correntemente que a convivência demasiado íntima entre eles, com as liberdades que hoje são permitidas e a crescente masculinização da jovem, termina por fazer desaparecer em muitos rapazes o interesse matrimonial.

A mulher torna-se para tantos deles como que um ser despido do caráter feminino, a quem se poderá ligar, na melhor das hipóteses, por uma afeição idêntica à que terá por um companheiro de folia ou de trabalho, e nada mais.

Acreditamos que a isso se deva o fato de ficar sem casar, nos Estados Unidos, cerca de dois terços das mulheres que fizeram cursos universitários.

A Tese do Companheirismo

Vamos aprofundar um pouco mais a questão do "companheirismo" sob um aspecto que compreende, por assim dizer, a sua ideia central, ou seja, sobre a afirmação de que convém aos dois sexos uma aproximação, tanto quanto possível, íntima e frequente.

Essa aproximação, ao que se diz, desfazendo o perigoso encanto que há em tudo que se oculta sob o véu do mistério, deve premunir os jovens contra as emboscadas da concupiscência, tornando as relações entre eles mais naturais, mais sinceras, mais desinteressadas, influindo, portanto, beneficamente na vida moral de ambos.

A ser isto exato, é incontestável, dever-se-ia verificar uma melhora sensível na mentalidade e no comportamento recíproco dos jovens e consequentemente nos costumes sociais.

Quanto à mentalidade, essa influência se verifica, seja por um desinteresse crescente para com certa literatura, certos divertimentos, certas audições radiofônicas, em suma, para com tudo aquilo que explora a nota da sensualidade; seja pela tendência para a espiritualização, digamos, para a nobilitação da amizade e do amor.

Quanto ao comportamento, a referida influência se manifestaria, por parte dos rapazes, numa volta à continência; por parte das moças, num atrativo maior pela beleza ideal da virgindade e por parte de ambos, numa compreensão mais alta do respeito mútuo.

Quanto aos costumes sociais seria de se esperar uma moça sensível nos hábitos e na mentalidade dos que fazem a chamada vida elegante, elevando aí a concepção da moral individual e da moral familiar.

Que é, no entanto, o que realmente se comprova nesse domínio?

No que diz respeito à mentalidade, a expectativa falha inteiramente. Ninguém ousaria dizer que o tema sexual tenha perdido o seu interesse pecaminoso para a nossa juventude, pois o livro de escândalo, as diversões levianas e a anedota picante mantêm, se é que não aumentaram aí, o seu prestígio.

Por outro lado, não é menos desoladora a perspectiva quando se examina a sua concepção sobre a amizade e o amor, pois precisamente o contrário do que afirmam os partidários do "companheirismo" é o que acontece.

Na realidade, se bem examinarmos a amizade entre os jovens, ver-se-á que predominam como motivo das relações: em primeiro lugar, o atrativo físico, pois a moça feia tem pouca chance de adquirir camaradas; em segundo lugar, a nota egoística, visto que ninguém pensa aí em dar sentido superior ao seu afeto nem mesmo adianta, em geral, que ele lhe possa impor deveres e sacrifícios custosos.

Relativamente ao amor, não exageramos dizendo que hoje em dia poucos são os que o concebem como enlace de almas, um dom total de si mesmo por toda a vida, e muito menos os que compreendem quanto há de ilegítimo na finalidade que ordinariamente se lhe atribui: o prazer.

No que diz respeito ao comportamento que se observa dos jovens em regime de "companheirismo", a conclusão não é mais lisonjeira.

Há cerca de quarenta anos o presidente da maior das Repúblicas americanas, em discurso que obteve uma grande repercussão, declarou orgulhar-se de ser o seu país o que apresentava a maior cifra de jovens castos.

Hoje um estadista que ousasse repetir ali essa declaração — ali ou em qualquer nação dita civilizada — se escapasse à camisa de força não sobreviveria ao ridículo, de tal modo está perdido o ideal de castidade na juventude; de tal modo os rapazes, naquela nação como em toda a parte, tornaram-se mais incontinentes.

E não somente os rapazes. O fato de haver hoje em dia, no país em questão, um grande comércio ao abrigo da lei, e até um próspero comércio negro de crianças procedentes de uniões extraconjugais, dá bem a ideia da devastação que está fazendo o "companheirismo" nos costumes da mulher americana.

As proporções dessa devastação podem ser melhor percebidas considerando-se que esse monstruoso tráfico de crianças existe não obstante serem numerosas as instituições particulares e oficiais que se ocupam nos Estados Unidos do problema dos filhos com paternidade renegada.

Acrescenta-se agora que tal panorama não difere muito, em suas linhas essenciais, daquele que vinha sendo observado, até antes da guerra que acaba de terminar, na Inglaterra, na Alemanha, nos países balcânicos e do extremo norte da Europa, onde mais se desenvolveu a liberdade nas relações entre os dois sexos.

Quanto aos outros países, desse e dos demais continentes, verifica-se neles pelo menos o seguinte: a moça inclina-se a não levar mais em conta o aspecto ideal da virgindade, que para tantas não passa de uma simples expressão de integridade física correspondente a uma condição transitória, em geral abominada, da mulher — a de solteira.

Decaída a virgindade da categoria de virtude, isto é, de amor à pureza, compreende-se que a mulher chegue a todas as degradações no regime da camaradagem.

Resta agora acrescentar que o "companheirismo" conduz muito frequentemente a um desrespeito mútuo, com especialidade do jovem pela jovem.

É fato incontestável que essa intimidade entre eles tem desenvolvido uma patente incorreção de maneiras e mesmo uma certa brutalidade de trato.

Tem-se às vezes a impressão de que os rapazes esquecem a maior delicadeza de constituição do outro sexo, pois é corrente promoverem brincadeiras em que as moças tomam parte, que são verdadeiras competições musculares, quase pugilatos pelo que há de força e pancadaria — espetáculo que pode ser diariamente apreciado nas praias e nos clubes desportivos.

Notemos, por fim, que faltando quase sempre às afeições surgidas no "companheirismo" a nota da elegância moral e sobrando muito correntemente, a da sensualidade, em consequência a paquera e o namoro aí campeiam como erva daninha em terra sem dono.

Relativamente aos costumes sociais, nada precisamos dizer em particular visto que as observações, seja de quem for, sobre a vida mundana são desconcertantes e desoladoras.

De resto basta lembrar que ela se passa quase toda, hoje em dia, fora do lar, em lugares franqueados às audácias de quem tem dinheiro adquirido seja como for: nas praias, nos clubes, nos bares, nos salões de festa, nos cassinos e mesmo nos cabarés, em promiscuidade frequentemente revoltante.

É evidente que num tal clima se entibia a vida superior. A vigilância sobre as próprias ações, os escrúpulos de consciência, o gosto pela honestidade — tudo quanto significa influência dos princípios morais — tudo isso perde em tais ambientes o seu rigor de expressão, suas linhas definidoras e até a sua razão de ser.

Daí porque um caso de adultério, por exemplo, que antes

suscitava uma reprovação unânime, hoje apenas divide as opiniões: tanto para lá; tanto para cá.

Para os abusos da fraqueza feminina só havia antes, como solução, a reparação do mal com o casamento ou a punição com a cadeia.

Hoje, porém, com o assentimento mesmo de tantas mulheres, outras alternativas se apresentam menos cômodas e comprometedoras.

As Atenuantes do "Companheirismo"

Para não faltarmos ao dever de lealdade, queremos acrescentar que são tão funestas as consequências resultantes do "companheirismo" que seria em todo caso injusto atribuí-las necessariamente ao regime da camaradagem. Pode-se admitir, assim pensamos, que elas, em grande parte, sejam produzidas pelos seguintes fatores: 1° a transformação de costumes demasiado violentos que se operou da penúltima à última guerra; 2° a falta de preparação conveniente da juventude para a nova situação que teve de defrontar; 3° o declínio da influência religiosa na vida da juventude.

Quanto à transformação, repetimos, até 1914, a vida da jovem em nosso país se passava quase toda no ambiente familiar. Suas ambições, geralmente, restringiam-se à constituição de um lar. Os estudos que empreendia tinham principalmente como função adornar-lhe a inteligência e aumentar seu prestígio nas rodas mundanas. Sua ação social se limitava quase exclusivamente ao campo da caridade ou do apostolado religioso.

A Grande Guerra, porém, exigindo sua colaboração em tantas atividades diferentes, obrigando-a a compartilhar do trabalho masculino e forçando-a a conviver, dia a dia, hora a hora, com o outro sexo, modificou-a profundamente os gostos, os hábitos e a mentalidade.

Nos países em que as circunstâncias não eram idênticas, estas novas condições de vida feminina, no entanto, tiveram um efeito contagiante: propagaram-se quase na mesma proporção e intensidade. Por toda parte caíram as barreiras convencionais que mantinham um e outro sexo, de um modo geral, a uma conveniente distância.

Entre os jovens o efeito dessas transformações foi ainda mais fulminante, não sendo mais possível haver relações cerimoniosas entre eles. Para se tutearem era suficiente uma apresentação.

A última guerra, escusado é dizer, estimulou até o extremo a noção de independência feminina e suprimiu os últimos escrúpulos na familiaridade estabelecida entre os jovens de ambos os sexos, de tal modo, que a intimidade entre eles agora se estabelece mesmo sem a velha formalidade da apresentação.

Para tanto bastará um simples encontro, a primeira oportunidade de troca de palavras.

Quanto à preparação da juventude para a nova ordem de coisas, reconheçamos que ela não existia.

Não existia, por um lado por culpa dos pais e demais educadores, menos por não terem tido o dom de prever essas transformações do que por permanecerem, a despeito delas, aferrados a processos educativos rotineiros, como se as condições de vida houvessem chegado a um estado definitivo de cristalização.

O ideal, então, para uns e outros, como é sabido, era transmitir a educação que haviam recebido.

Por outro lado, por culpa mesmo dos fatos que operaram tais transformações, queremos dizer, pela violência do seu próprio dinamismo ao qual não podiam resistir instituições bem arraigadas e mesmo costumes seculares.

Quanto ao declínio da influência religiosa, em sua existência, é um fato de tal modo evidente que dispensa comentários. Disto resultou, como era natural, a postergação de uma verdade que é fundamental na conduta dos indivíduos: que devemos ordenar a Deus, primariamente, nossas atividades em virtude do preceito de amá-lo sobre todas as coisas. Sendo à luz dessa verdade que cabe distinguir todos os valores humanos — direitos, deveres e nossa própria dignidade — e dado que dela restam apenas vagos lampejos na consciência da mulher moderna, não é mais à fé religiosa que pede inspiração para orientar sua vida prática e cumprir o seu destino.

Assim a jovem entrou nessa nova fase de vida sem a necessária adaptação que ela supunha. Aceitou o "companheirismo" ingenuamente, com uma espontaneidade excessiva, uma confiança demasiada na sinceridade masculina e uma ignorância quase completa da diversidade psicológica existente entre os dois sexos.

A Adaptação aos Novos Tempos

Lançada pelas causas já conhecidas, no tumulto do trabalho, das ocupações e da vida fora do lar; tendo adquirido, ao seu sabor, uma autonomia da qual se pode dizer que há algumas décadas atrás não poderia sequer suspeitar, a mulher moderna incontestavelmente necessita de fazer a preparação que não foi feita, para exercer devidamente as suas novas prerrogativas.

Esta precaução se impõe tanto mais quanto as novas tendências sociais se dirigem no sentido de ampliar ao máximo tais prerrogativas até equipará-las às do homem na sociedade.

Lembremos que se tem como indiscutível, por aí afora, que a Democracia exige, de modo imperioso, a igualdade absoluta dos direitos, sem distinção de sexo.

Conquanto nunca se chega a essa equiparação absurda, porque a desigualdade das tendências, das aptidões e a constituição orgânica da mulher não o permitem e porque ela não é necessária para a equivalência na dignidade humana, que é a essencial, em todo o caso não é possível impedir que a mulher se veja frequentemente colocada em situação pouco conforme com as normas tradicionais da sociedade cristã, que exigem, como ensinou Pio XI, "necessária distinção e correspondente separação proporcionadas às várias idades e circunstâncias" que se visa assim até mesmo na fase mais delicada da sua vida, naquela em que se forjam os elos do seu destino — a adolescência.

Nestas condições, tendo em vista a preparação, como foi

dito, para o exercício das suas novas prerrogativas, devem as jovens se consagrar ao estudo das realidades presentes, a fim de discernirem até que ponto podem transigir com o espírito do tempo sem comprometer os bons costumes domésticos e sem ofensa à tradição no que nela se deve considerar como intangível.

Esse estudo deve ter como fito, digamos mais claramente, distinguir aquilo que as incontestáveis necessidades sociais de hoje estão a exigir da jovem como reforma de costumes, daquilo que não passa de má compreensão dessas necessidades, de frioleira, de mera tendência para fugir sistemática e irrefletidamente à disciplina e ao dever.

Às que, por exemplo, tomaram o hábito da rua, das bebidas, do fumo, das noitadas em companhia de rapazes; às que entram com eles em competições de nudismo nas praias e nos desportos; às que aceitam o seu convite para longos passeios de automóvel, excursões no campo e participação em festas, espetáculos e demais diversões longe da vigilância dos pais ou da presença de pessoas de senso amadurecido, deve ser dito francamente que nenhuma atividade importante da vida moderna exigia delas tamanho repúdio do passado.

Quando para justificarem sua conduta, segundo temos ouvido dizer, alegam que desta maneira se tornam mais experientes, ganham maior desenvoltura e adquirem noções mais positivas sobre a vida. Cabe replicar que poderiam ter chegado aí por outro modo, sem ser à custa de sacrifícios numa ordem de coisas bem mais elevada, sem ser, afinal, pelo tributo de vassalagem às novas e perigosas servidões.

É preciso fazer compreendido que a jovem moderna falhará à sua missão se não souber utilizar a liberdade que lhe concedem os novos tempos, se não souber pôr a "camaradagem" em um nível superior, de maneira que não sirva de pretexto à mandriice e à incontinência de costumes; de maneira que seja, a olhos vistos, uma conveniência ao mesmo tempo afetiva, respeitosa, e sempre motivada pelo desempenho de uma tarefa — trabalho, estudo, ação social, etc. — que exija a associação de esforços comuns.

Nunca, portanto, se justificará o "companheirismo" pelo "companheirismo", isto é, para passeios, desportos, diversões e outros fins semelhantes, porque isso é frivolidade, quando não um vício, um passatempo perigoso para encher os ócios de certa juventude sem ocupação nem ideal, de uma juventude de todo alheia à dignidade da vida e aos problemas do seu tempo.

O que Pedem à Jovem os Novos Tempos

Há todo interesse em deixar bem compreendidas quais são as verdadeiras exigências que faz à mulher moderna o espírito do nosso tempo as quais podem ser assim enumeradas: a) melhor cultura; b) maior interesse pelos problemas sociais; c) interesse particular pelos problemas que lhes são próprios; de uma sólida estrutura moral; e) uma verdadeira vida religiosa.

Examinemos, isoladamente, tais exigências.

Melhor cultura. Ninguém diverge neste particular. Toda gente está convencida de que é indispensável pôr ao alcance da inteligência feminina todas as possibilidades de saber. E de resto é neste sentido que se orienta o ensino moderno.

As discordâncias que se verificam neste campo não dizem respeito propriamente à cultura pois se originam dos equívocos em que é fértil um certo feminismo revolucionário, quanto ao lado prático dos conhecimentos humanos.

Citemos, por exemplo, o de certa revista de modas e primores que opina que deve ser ministrada às moças "uma educação igual à dos rapazes", porque uns e outros devem ser preparados para a vida.

O erro, aqui, está em não distinguir que há vida do homem e vida da mulher; que assim como há diferenciação física entre os sexos, há igualmente de aptidões e atividades.

Nesta ordem de coisas pode-se dizer, em resumo, o seguinte: pelo menos no que concerne aos conhecimentos básicos, não cabe fazer, como de resto não se faz, distinção entre cultura masculina e feminina.

A partir daí a cultura, tanto do rapaz quanto da moça deve orientar-se segundo as tendências naturais do seu espírito, segundo a sua vocação.

Quando esta não existe de um modo acentuado na jovem, então suas leituras, observações e seus estudos devem ser encaminhados na direção dos temas específicos da vida feminina; a educação, a maternidade, o governo do lar, as várias formas de ação social da mulher, etc.

A cultura não pode servir-lhe de pretexto para renunciar ao seu sexo, para anular a personalidade feminina.

Maior interesse pelos problemas sociais. Uma exigência das mais prementes do espírito do nosso tempo à jovem moderna consiste em fazer que aplique melhor sua inteligência à compreensão dos males sociais que aí estão patentes: o desemprego, os salários baixos, o obituário infantil, o decréscimo da natalidade, as miseráveis condições de vida de tantos que ou nada ganham ou ganham insuficientemente para atender às suas necessidades mais imediatas, etc.

A falta de habitações higiênicas para o povo; as deficiências da assistência ao inválido por acidente, moléstia e velhice; a infância abandonada, o trabalho exaustivo para o sustento da família numerosa, a exploração inumana do braço e da inteligência, — tantos e tantos aspectos da iníqua organização social existente devem constituir matéria de indagação e de estudo para a jovem dos nossos tempos.

É bom que se exercite também, desde já, em cooperar no que estiver ao seu alcance, com os que procuram remediar tais injustiças.

Não ocultaremos que o problema político lhe deve interessar, não propriamente no sentido da ação partidária, porém no da assimilação, defesa e propagação dos princípios superiores da dignidade humana e do bem comum que estão na base de toda a atividade pública do governo e dos homens a quem incumbe promover a prosperidade, a confiança e a segurança social.

Interesse particular pelos problemas das mulheres. Naturalmente entre os problemas sociais, devem-lhe merecer maior carinho os que são próprios do seu sexo. Não lhe será difícil persuadir-se de que há muito que fazer neste domínio sem ser necessário adaptar ideias extravagantes e mesmo faciosas que levam a pleitear direitos que nem correspondem à realidade do seu sexo nem à linha inconfundível da sua personalidade.

Para dar uma ideia mais precisa da ação da jovem nesta ordem de coisas focaremos aqui, em especial, a questão do trabalho.

Nota-se que há neste assunto uma grande desorientação, mesmo entre as mulheres que com ele se ocupam, pois a tendência predominante, entre elas, é para pleitear a igualdade com o homem no campo das atividades profissionais, pela suposição de que a capacidade é idêntica para o exercício das mesmas, na sua totalidade.

Assim, portanto, o esforço não se orienta, como fora de desejar, no sentido de ampliar o âmbito das atividades tradicionais da mulher abrangendo tantas outras, surgidas das atuais condições de vida, e mesmo algumas das antigas, que não obstante estarem sendo e terem sido sempre exercidas por homens o podem ser pela mulher com igual rendimento.

Não se orienta também no sentido de valorizar, no conceito e nos proventos materiais, as que sempre foram e continuarão a ser exclusivas do seu sexo. Não se orienta ainda no sentido de fazer que certas tarefas hoje executadas nas fábricas, oficinas, nos escritórios e repartições públicas, que o podem ser também no meio doméstico, aí sejam realizadas de preferência, com o fim de restaurar, tanto quanto possível, os liames da vida familiar.

Vê-se que o que interessa e empolga, em certos meios femininos, é o espírito de competição com o homem.

Se esse espírito de competição se limitasse a querer usufruir do seu trabalho uma remuneração equivalente à do homem, nada haveria a replicar, pois seria isto uma pretensão natural e mesmo equitativa.

O mal está na veleidade de querer concorrer com ele em igualdade de circunstâncias, mesmo naquelas profissões para cujo desempenho a mais robusta constituição física do homem e certas peculiaridades do seu ser moral, lhe conferem uma superioridade indiscutível — superioridade que poderá talvez algum dia desaparecer se a mulher prosseguir no programa de masculinização de si própria, dando lugar a que surja um novo tipo de zoológico que será um misto de homem e mulher...

Uma sólida estrutura moral. Tem-se compreendido que uma vida de maiores dispêndios de energia física como é o da mulher dos nossos tempos, pede maior robustez corporal.

Daí a introdução da ginástica e dos desportos na educação da jovem moderna — introdução feita, diga-se a verdade, sem se observarem sempre os devidos resguardos que convém ao sexo e, até mesmo, em tantos casos, sem o cuidado de seguir uma orientação científica.

Seja como for, o que vem ao caso é comprovar a consciência existente de que é preciso aumentar a resistência do corpo da jovem moderna para que ela possa fazer face às condições da sua vida presente.

E, contudo, não se nota a mesma compreensão no que respeita à sua estrutura moral. Em lugar disto há por aí afora uma ilusão perigosa: a de que um contato mais direto com a vida bastar-lhe-á para que tenha melhor compreensão dos problemas; de que uma liberdade maior tem o condão de despertar na jovem uma consciência mais viva das suas responsabilidades.

Mais adiante mostraremos o que valem tais suposições.

Por enquanto bastar-nos-á fazer uma afirmação: o maior cuidado atual com a constituição física da mulher é de si mesmo um indício de que ela deve ser dotada de uma estrutura moral bem mais sólida do que antigamente.

Esta conclusão salta aos olhos uma vez sabido que as causas de uma e outra são idênticas: a complexidade das funções e encargos que cabem à mulher hoje em dia, que supõem uma energia mais poderosa, capaz de todas as resistências para lhe permitir realizar sua tarefa e seu destino.

Uma verdadeira vida religiosa. O próprio problema moral que está posto no "companheirismo" supõe indiscutivelmente o problema religioso como inseparável e fundamental para a conduta da jovem.

A razão disto não é difícil de alcançar, pois não se ignora que na convivência muito íntima com os rapazes tenha ela mais ocasião de ser tentada, e mesmo tentada até o limite extremo das suas forças naturais.

Não lhe faltará, nesse regime, oportunidade de ceder à sugestão do egoísmo, do medo, da preguiça, da sensualidade; de furtar-se ao cumprimento do dever penoso e de entregar-se à solicitação dos instintos exacerbados.

De resto nunca poderá esquecer, como cristã, que sem a ajuda de Deus, assim como não podemos crer o suficiente para nos salvar, não poderemos também observar, como devemos, completamente, a lei moral.

Regras para o Companheirismo

Para atender à necessidade de escoimar a "camaradagem" dos seus inconvenientes e perigos tão conhecidos e levar a efeito a adaptação da mulher ao espírito dos novos tempos, parece-nos se impor a observância das precauções que passamos a enumerar:

1º Não haja por parte da jovem sofreguidão nos encontros com rapazes nem mesmo a iniciativa de promovê-los sem causa aceitável, a fim de que eles não se habituem à ideia de que vale pouco o seu afeto e de que lhes é permitido tratá-las sem especial deferência.

É um fato de observação quotidiana, que os jovens abusam da boa-fé e da expansividade das jovens que os frequentam assiduamente.

Já aqui nos referimos à grosseria e mesmo à brutalidade com que as tratam.

Isto se observa até mesmo na linguagem, pois o rapaz se capacita de que não vale a pena desperdiçar no seu convívio o que aprendeu no trato do idioma. A mímica e o calão devem bastar para se fazerem por elas compreendidos.

Também não vê mais razão para distingui-las com as antigas provas de gentileza que valiam como expressão de boas maneiras: dar-lhes a primazia onde as encontravam reservando-lhes o melhor lugar, protegê-las contra a grosseria alheia, etc.

Acontece ainda, mesmo frequentemente, que não hesita em utilizá-las como instrumento das suas tendências egoísticas a isso chamando "viver a sua vida", "gozar a mocidade".

Não procurar a convivência dos rapazes, entenda-se bem, não quer dizer, fugir sistematicamente a ela. Se as circunstâncias de aproximação normalmente se oferecem, acedam às jovens sem vãos temores nem preocupações que tirem ao trato mútuo o tom da naturalidade, desde que não haja motivo para isso.

A naturalidade, contudo, não é o "à vontade", isto é, uma intimidade como de rapazes, sem atender a moça às delicadezas morais próprias do seu sexo que se refletem sobre a sua reputação.

2º Versem as conversas sobre temas que não suscitem a curiosidade malsã e não despertem, sem as garantias indispensáveis, o fundo sentimental de um e outro.

Já dizia um moralista que S. Paulo não se dedignou de citar, que "as más conversas corrompem os bons costumes".

S. Pedro Damião recomendava aos seus monges da Úmbria: "Senta-te em tua cela, doma o ventre e a língua e tu te salvarás".

Das dificuldades dessa empresa, deu-nos S. Tiago uma ideia impressionante dizendo que "todas as espécies de quadrúpedes, de pássaros, de répteis e de animais marinhos podem ser e têm sido domados pelo homem".

Da língua, porém, acrescentou que "nenhum homem pôde domar" (Tg 3, 7-8).

E como ela "inflama todo o curso de nossa vida", tem sido a causa de perdição para muitos.

Que esperar do uso que lhe dão nas rodas da juventude ociosa? Para responder bastará apenas considerar quais são os temas correntes da sua conversação: a vida alheia, elogios recíprocos, ciumadas, desculpa dos próprios defeitos, enredos de filmes de cinema, os namoros de F., os escândalos de certo casal, as supostas impertinências da família, a incompreensão dos pais e outras baboseiras do mesmo quilate.

Ocupando-se destes e outros assuntos da mesma categoria, o menos que pode acontecer é dissiparem os jovens o seu tempo com palavras inúteis, em prejuízo da sua formação sentimental e cultural e também da sua vida eterna, segundo adverte S. Mateus: "Eu vos declaro que no dia do julgamento os homens prestarão contas de todas as palavras inúteis que houverem proferido" (Mt 12, 36).

Mas ocorre, como já foi dito aqui, que com a intimidade estabelecem-se as preferências e por fim constituem-se pares que se separam uns dos outros para conversar mais livremente. Surgem então as confidências, os corações inflamam-se de ternura e o sentimentalismo nascente faz brotar, a princípio furtivamente, depois com descarada prodigalidade, a fonte dos carinhos.

"Ah! que horror, mas nem todas são capazes de tamanha

fraqueza", objetou-nos certa vez uma jovem a quem esboçamos esse quadro.

Sem dúvida, replicamos, nem todas são capazes de tamanha fraqueza. Quem sabe, porém, perguntámos-lhe por nossa vez, quais são as que serão disto capazes?

O certo é que, muitas das que caíram em tão pérfido laço, teriam considerado injuriosa, no começo, a suposição de que não fossem suficientemente argutas e fortes para afrontar os perigos a que imprudentemente se expunham e a que por fim sucumbiram.

Não seria provavelmente um caso assim, o daquela moça que revela o seu amor a um companheiro de repartição, casado, de quem se aproximou, a princípio, movida por um sentimento desinteressado e justo de bom coleguismo?

Narremos uma pequena história que vem aqui muito a propósito: Uma jovem que se esconde sob o pseudônimo de "Gatinha Triste", fazia a seguinte declaração, há pouco tempo, em carta escrita à seção de consultas de conhecida revista de modas, a propósito do seu namoro e do seu namorado: "Ambos sabemos que certos carinhos são pouco convenientes; mas acontece!"...

Quer isto dizer: apesar do rebate de consciência, a vontade não tem mais força para reagir. Esgotou-se a energia. No começo, porém, não era assim.

3º Faça à jovem bem entendido que a convivência só pode ser aceita em um nível superior de respeito mútuo, não deixando passar, de maneira alguma, sem firme reação, qualquer tentativa de menoscabo a sentimentos como o do pudor, a princípios como o da família e a convicções como as de ordem religiosa, que, de modo geral, são como que a preparação para investidas mais atrevidas.

Evitada toda intimidade escusada e repelida com energia qualquer incorreção que porventura venha a cometer, de modo deliberado, seus jovens companheiros, formar-se-á onde ela estiver um clima pouco propício às audácias e aos abusos masculinos.

Se a essas precauções juntar, como deveria sempre acontecer, o cuidado de selecionar as suas relações de modo a formar em torno de si, tanto quanto possível, um meio homogêneo — em que, portanto, apesar da variedade dos temperamentos não exista desnível muito apreciável nos sentimentos, na educação e nos princípios morais dos que o constituem — com isso não somente a jovem se poupará maçadas, contratempos e amargos dissabores, como se habituará a fazer sentida e respeitada a sua personalidade.

4º Examine-se a jovem, se preciso diariamente, quanto à atual ou possível influência deste ou daquele rapaz em sua vida, para vigiar as suas simpatias ou melhor dito, para reagir a tempo contra uma inclinação indesejável ou dirigir um afeto em si mesmo legítimo, capaz porém, como tudo o que é humano, de se desmandar.

De muitíssimas uniões entre pessoas desiguais na condição social, nos sentimentos e nos costumes, que resultaram infelizes, pode-se certamente dizer que não se teriam consumado se o exercício que aqui indicamos se houvesse tornado uma prática habitual da juventude.

5º Não se subtraia a jovem, em seus atos, de caso pensado, ao controle dos que têm, perante Deus, responsabilidade no seu destino, mesmo que essa vigilância lhe mortifique o amor próprio.

Cabe-lhe reconhecer, em primeiro lugar, que a isso estão eles obrigados por um dever de consciência de tal modo penoso, que não é raro verificar-se, neste particular, negligência, frouxidão.

Na realidade são cada vez mais escassos os pais que exercem tais atribuições com a indispensável energia e tenacidade.

Depois, ainda que resulte chocante para o seu brio, admita que essa vigilância com a possibilidade de uma advertência e mesmo de uma censura e até de punição, ajuda a sua natureza a resistir às tentações do mal, àquelas tentações que as oportunidades muito repetidas de aproximação com o outro sexo podem suscitar.

Não é somente aos jovens, aliás, que essa aproximação põe sob o risco do despertar inesperado do atrativo dos instintos. A amizade pura entre gente dos dois sexos, num regime de muita confiança será talvez possível, mas não é comum, ainda mesmo tratando-se de pessoas já avançadas no caminho da maturidade.

Tal intimidade é, sobretudo, mais perigosa para a moça, porque nela a "sedução dos próprios desejos" toma a princípio, em geral, sentido intelectual ou sentimental, não lhe sendo fácil perceber, a tempo, quando começa a descambar para a sensualidade.

Melhor portanto, porque mais seguro, é ela se apoiar sobre o zelo, embora tantas vezes pareça ou seja de fato intempestivo, dos que lhe têm o amor que vem do sangue, do que descansar sobre a pujança exclusiva, tantas vezes enganosa, da sua própria estrutura moral, tenha sempre presente a advertência do próprio Cristo às jovens que o chamam "bom mestre": "só Deus é bom".

6º Para concluir, algumas recomendações sucintas que até certo ponto compendiam as demais: não se conforme a jovem com a ideia de parecer que é o que não deseja ser; tenha presente, em todas as circunstâncias, a dignidade do seu sexo; prefira inspirar uma simpatia respeitosa a suscitar uma admiração imprudente; não ponha espontaneamente à prova as suas resistências morais; marque com o cunho de uma verdadeira personalidade todas as suas ações, e mais que tudo, procure adaptar sua vida às intenções divinas, renovando-a e revigorando-a, incessantemente, com as graças da vida sobrenatural, que transmitem os sacramentos.

Deveres da Jovem Cristã no "Companheirismo"

A jovem cristã, no entanto, tem ainda outras obrigações a cumprir, segundo nos parece, dado que lhe cabe, num quadro de vida social tão diverso daquele em que se formaram as virtudes de família, não somente preservá-las em si própria como afeiçoá-las em seu meio.

Para preservar em si mesma tais virtudes, digamos, não poderá se contentar apenas com a presunção de que não há inconveniente de ordem moral em adaptar este ou aquele costume em voga. Ela precisa estar certa, acima de tudo, de que esse costume não terá repercussão nociva sobre as suas convicções e a sua vida cristã.

Assim, por exemplo, pode ela admitir que não há motivo de inquietação no fato de estabelecer camaradagem com rapazes; que por sua educação e suas maneiras mereçam a confiança dos respectivos pais, contanto que leve também em linha de conta que pode haver inconveniente, e mesmo inconveniente grave, se os encontros com eles se tornarem demasiado frequentes e inconsiderados, mantendo-se todas em contínuas idas e vindas, em festas, passeios, excursões, etc., porque daí virá pelo menos o hábito de encarar a existência por um falso prisma — o festivo — e consequentemente o olvido do problema do seu destino eterno.

Ainda outro exemplo: Nada impede que jovens cristãs possam conviver com rapazes indiferentes, mesmo sem fé, contanto que se mostrem advertidas de que essa convivência, sem ativa vigilância sobre si mesmas, poderá impeli-las para a órbita das meias-ideias dos rapazes.

É verdade que poderia se realizar, e certamente se tem realizado algumas vezes, a hipótese contrária, isto é, a da conversão dos rapazes.

Forçoso será reconhecer, no entanto, que estes casos felizes são infinitamente mais raros do que os outros, o que se explica da seguinte maneira: a deficiência de conhecimentos religiosos ao mesmo tempo que torna audazes os que não têm fé, torna tímidos os que a têm insuficientemente baseada sobre a inteligência dos motivos de crer.

Aqui, ao contrário do que acontece na tática militar, o ataque é sempre mais fácil do que a defesa...

Estes dois exemplos deverão bastar para justificar a cautela da jovem cristã submetendo-se no "companheirismo" a maiores exigências de conduta para conservar em si mesmo o patrimônio das virtudes de família.

Não queremos, no entanto, insistir na apreciação do tema pela feição negativa, isto é, ocupando-nos daquilo que a jovem "não deve fazer". Tendo maior eficácia pedagógica a outra feição — a positiva — ou seja, aquilo que ela "deve fazer", parece-nos melhor examiná-lo de preferência sob este aspecto.

Nesta ordem de ideias, segundo pensamos, o primeiro ponto a considerar pela jovem cristã é o da escolha do método verdadeiramente fecundo para tornar benquistas no seu meio as virtudes familiares.

Não será talvez difícil, neste particular, convencê-la de que nenhum outro pode igualar em resultados positivos ao do exemplo.

Com efeito, fazer que tais virtudes irradiem da sua vida, não apenas por palavras de proselitismo, que o vento leva, porém pela eloquência dos seus próprios atos, da sua própria conduta, é comunicar-lhes um poder de persuasão irresistível para muitas almas.

O segundo ponto a fixar é, digamos, uma consequência do primeiro: o ajustamento de sua vida, de tal modo, às referidas virtudes, que todos percebem o grau da sua sinceridade e se sintam movidos a imitá-la.

A jovem cristã deve mesmo mostrar empenho em reabilitar,

com a conduta que observa, a expressão "filha de família" que anda por aí desprestigiada, por efeito de uma deturpação sistemática do seu significado. Com este intento aceitará, sem dúvida, a liberdade que os novos tempos lhe proporcionam, admitirá e praticará o "companheirismo", mas atuando, sempre que se fizer essencial, sua fidelidade ao *espírito de família*, isto é, a sua qualidade de membro dependente de um grupo social (o grupo familiar) e de elemento subordinado às autoridades legítimas desse grupo (pai e mãe), o que supõe dedicação ilimitada às pessoas que o compõem, apreço pelas virtudes que lhes são comuns, respeito pelos princípios morais e religiosos que cultivam docilidade na obediência, solidariedade irrestrita nas alegrias como nos sofrimentos e, bem assim, nos esforços dos progenitores para manter digno e respeitado na sociedade o seu nome.

O terceiro ponto que se impõe à reflexão da jovem cristã é o seguinte: o gosto pelas virtudes familiares não pode existir senão onde existir vida familiar.

Assim sendo, constitui para ela um dever de consciência consagrar-se à edificação da vida familiar, formando em si própria o espírito de comunidade que lhe é essencial.

Quer isto dizer que praticando sinceramente a união de inteligência e de coração que esboçamos ao falar do *espírito de família*, procurará torná-la visível, tanto quanto possível, aos olhos dos demais com as seguintes atitudes práticas: apego ao lar, gosto pelas tarefas caseiras, interesse pelos problemas comuns, alegria comunicativa, espírito de colaboração, afetuosidade, indulgência, confiança mútua e desvelo pelo bem estar de todos os membros da comunidade doméstica sem olhar ao próprio, com sacrifício mesmo, se preciso, de caras e legítimas aspirações, preferindo pois a qualquer satisfação a cristianíssima alegria de servir.

A casa paterna, até a jovem fundar um lar próprio, se Deus for servido conceder-lhe, deverá aparecer aos olhos de todos como o seu mundo, e a família, como o objeto da sua mais cálida afeição, do seu pensamento mais constante, da sua mais infatigável e mais terna solicitude.

É somente depois de assimilar e viver esse espírito de comunidade, de sentir e fazer sentir a força, a beleza e a sublimidade do ideal vivido e santificado pela Sagrada Família de Nazaré — paradigma de todas as famílias cristãs — é somente depois de ter aprendido a amar, a viver, a se consagrar e mesmo se sacrificar à vida familiar que a jovem cristã poderá confiar que no "companheirismo", como em tudo o mais, oferece as imprescindíveis garantias pessoais de que sempre saberá se colocar à altura das suas responsabilidades, de que não faltará jamais ao dever de edificação inseparável das promessas do batismo.

O Problema do Casamento

Já tivemos ocasião de dizer aqui que tantas das liberalidades que hoje se verificam nas relações das jovens com os jovens têm como fito o casamento, dado que para muitas, digamos, para a grande maioria, no mundo atual, são condições indispensáveis para chegar sem decepção ao matrimônio a *camaradagem*, o *coquetismo* e uma grande *intimidade*.

Embora o essencial sobre o assunto já tenha aqui sido exposto, parece-nos conveniente, não obstante isso, reunir em capítulo próprio, do que foi dito, o que tem aplicação imediata ao problema do casamento, começando por fazer duas afirmações:

1° É louvável que a moça considere o casamento como o problema capital da sua vida.

2° É legítimo que pretenda a modificação dos processos de chegar ao casamento a fim de adaptá-los ao espírito dos nossos dias.

Na realidade, nada mais a propósito na mulher do que a aspiração de se casar, dado que a despeito de todas as mudanças registadas na mentalidade e nos costumes do tempo, permanece como verdade indiscutível que o matrimônio constitui a vocação própria do seu sexo.

Pode acontecer que, individualmente, esta ou aquela ou mesmo muitas mulheres não possuam tal vocação.

Este fato, contudo, não invalida a afirmação já feita, que é de todos os tempos, isto é, que a mulher tem como destino próprio a constituição de um lar.

Também não nos podemos furtar a admitir que com a alteração dos hábitos, no correr dos tempos, se edifiquem, por sua vez, os costumes sociais.

Excluir dessa regra, digamos, o recrutamento de um noivo, é coisa que se não poderia fazer sem evidente parcialidade.

De resto sabemos, sem a menor dúvida, que igualmente neste particular tem havido sensíveis alterações na história dos costumes.

Assim, não ignoramos que antigamente os pais tomavam sobre si (e tantas vezes com demasia) essa incumbência.

Um noivo, então, era o produto de uma negociação de família como nas casas reais, na qual, via de regra, não se consultavam os pendores afetivos dos nubentes.

Depois passou a ser a obra do acaso entre jovens que se viam à distância ou permanentemente vigiadas, se não intercediam os bons ofícios de uma amizade providencial ou a habilidade de um mediador mercenário.

É razoável, portanto, admitir novas mudanças neste particular; admitir uma evolução em virtude da qual hajam resultados circunstanciais diferentes que justifiquem, como já foi dito, a mudança dos processos de promover o encontro dos que se devem unir pelos laços conjugais.

Feitas essas considerações, passemos a examinar os expedientes postos em voga pelas moças modernas para atingir um tal objetivo, que voltamos a enumerar: a *camaradagem*, o *coquetismo* e a *intimidade*.

A *camaradagem*, segundo o que temos ouvido, deve proporcionar à jovem o encontro com o possível candidato ao seu coração. Poder-se-ia talvez objetar que semelhante encontro, em rigor, não necessita de um tal expediente.

Na realidade, quem se dá ao trabalho de observar como se originam, de modo geral, os casamentos, verifica que há quase sempre aí uma nota de surpresa, de imprevisto, e porque não dizer: mesmo de mistério.

Vive um rapaz em uma roda de senhoritas e vai se casar com uma estranha. Imagina a jovem um tipo de homem para partilhar do seu destino e é a outro que entrega o coração.

Tantas são as contradições, sem razões aparentes, as influências ocultas que dão causa a maioria de tais uniões, que o povo foi compelido a admitir que "casamento e mortalha, do céu se talha".

Apesar disso, a nosso ver, pode-se admitir o companheirismo com a finalidade de facilitar o encontro da jovem com o jovem que virá a ser o seu futuro esposo, feitas as seguintes ressalvas já indicadas pormenorizadamente em capítulo anterior: a) que não haja de sua parte sofreguidão nos encontros; b) que seja observado o respeito mútuo; c) que haja controle efetivo das próprias ações; d) seleção das amizades; e) docilidade à vigilância dos pais e ao conselho das pessoas de bom julgamento.

Mas, perguntar-se-á, talvez, não será que tais exigências tornem a camaradagem demasiado formalista e, deste modo, longe de preencher o fim que com ela a moça tem em vista — o encontro com o possível candidato — em vez disto o afaste com as reservas, convencionalismo e os temores que esse método supõe?

Sinceramente respondemos pela negativa, uma vez que essas exigências não são de molde a impedir as oportunidades de encontro, nem a naturalidade e mesmo afetuosidade das relações entre os jovens, dado que são compatíveis com a virtude da discrição.

Ao contrário do que supõe a objeção, pode-se afirmar que a camaradagem assim praticada não faz perder à jovem a "sua oportunidade". Pode-se mesmo assegurar que ela é de molde a atrair para si o interesse e a simpatia dos jovens de bom caráter e boa formação moral — precisamente os que oferecem maiores garantias de estabilidade e ventura na união conjugal.

O *coquetismo*, agora como em todos os tempos, terá como função exercer e manter o atrativo sobre o candidato provável.

Em várias partes deste livro dissemos e repetimos que ele tem toda cabida na conquista de um noivo desde que se ajuste a um critério de moderação.

Como se verá adiante, nós aceitamos mesmo o princípio de que a moda, na moça, tem como fim agradar o rapaz, e agradar com vistas ao matrimônio. Deste modo implícita, mesmo explicitamente, deixamos declarada a nossa concordância com as que hoje, como em todos os tempos, recorrem a esse artifício para atrair e manter seguro no laço da sua sedução, aquele que espera ser o seu futuro esposo.

Tudo depende, em todo o caso, para justificá-lo, acrescentamos, de que se evitem os abusos a que ele poderá dar lugar, abusos que já foram aqui especificados e contra os quais se justificam as seguintes prevenções: a) *não fira a jovem a nota escandalosa*; b) *não a conduza o coquetismo ao desvanecimento de si mesma*; c) *não o pratique com o caráter de servidão*.

Não fira a nota escandalosa, ou seja: que se acomode a um plano de modéstia, evitando assim a jovem fazer da própria carne o motivo principal senão único da atração à sua pessoa.

Não a conduza ao desvanecimento de si mesma, ou seja: não venha, afinal, trazer-lhe mais estímulo à vaidade e ao orgulho de si própria do que lhe tornar a presença amável àquele que supõe digno de partilhar do seu destino.

Não tome o caráter de servidão. Se a prática do coquetismo desenvolve o gosto imoderado pelo luxo, a paixão pela moda, pela paquera, pelo namoro, pelos costumes equívocos ou licenciosos, ultrapassará assim o seu objetivo, e perderá, portanto, todo o direito à complacência.

O coquetismo deixa igualmente de poder ser tolerado quando se torna vicioso, ou seja, quando o que a jovem tem em vista é gozar com o efeito que produz sobre os homens; quando o pratica, portanto, pelo prazer que lhe causa o poder da própria sedução.

O coquetismo tornar-se-á também abominável se tomar o caráter de uma disputa em que o que importa é vencer, seja como for, a competição de uma rival ou as resistências do jovem a quem a jovem pretende interessar.

A *intimidade* será utilizada, segundo é corrente em certas rodas, com o fim de facultar o conhecimento recíproco — condição de primeira ordem, ninguém duvida, para chegar, no casamento, a uma boa escolha e para evitar decepções tardias.

Admitida a *camaradagem* e justificado o *coquetismo*, dizemos sinceramente, não seria lógico recusar à moça moderna esta terceira condição que julga necessária para bem ordenar o seu problema conjugal, sobretudo se ela concordar em nortear sua conduta segundo as normas que já ficaram estabelecidas ao tratarmos das duas primeiras condições.

Mas ainda assim, devemos advertir que a intimidade também tem os seus percalços, como por exemplo: a) *o despertar violento de um interesse matrimonial inconveniente ou não correspondido*; b) *os equívocos que podem suscitar uma ternura represada*; c) *o sacrifício do pudor para não desgostar um candidato provável*; d) *várias desordens sentimentais.*

Examinemos, uma a uma, essas consequências.

O despertar violento de um interesse matrimonial inconveniente ou não correspondido. A aproximação demasiado estreita pode colocar a jovem em situação extremamente dolorosa e de impotência para reagir contra a perspectiva de uma união indesejável ou contra a decepção de uma inclinação matrimonial não correspondida, pela impossibilidade, em um ou outro caso, do coração se adiantar à razão em seus avanços, ou pela lógica inflexível do conhecido ditado: "Água mole em pedra dura, tanto bate até que fura"...

Os equívocos de uma ternura mal represada. Com relativa frequência, ocorre que a jovem confie demasiado na lealdade do jovem com quem convive, muito especialmente se existe entre eles uma inclinação sentimental.

Neste caso, é de regra que dê liberdades à sua ternura com

o perigo de ser mal compreendida nas suas intenções de não despertar a tempo para reagir contra os abusos praticados ao abrigo da sua confiança e da sua descomedida expansibilidade.

O sacrifício do pudor. A intimidade sem a devida preparação moral e a indispensável decisão de jamais trair a sua fé cristã, sobretudo, sem apoio sobre uma vida de piedade sólida e inteligente, pode levar a jovem à covardia de transigir com o rapaz em práticas ofensivas à sua dignidade de solteira, pelo receio de que a sua resistência o desgoste e incline à desistência de casar, ficando perdida para ela, deste modo, a sua oportunidade de fundar um lar: ou mesmo por se acostumar com esses abusos, dado que se tornaram habituais.

Várias desordens sentimentais. A paquera, o namoro, o coquetismo pelo coquetismo, o gosto pela aventura, pela provocação da concupiscência masculina, o egoísmo gozador além de outras inclinações viciosas que estão fazendo verdadeira devastação na saúde física e mental da juventude moderna, são outras tantas consequências deploráveis de uma intimidade entre jovens, excessiva, fora de termo, começada, no entanto, em muitos casos, sem propósitos desonestos, na melhor das intenções.

Que concluir do exposto?

Se bem apreendemos a natureza dos males a que pode dar lugar a escolha de marido entre moças modernas, poderemos atribuí-los a duas ordens de causas: 1° *À ideia fixa de promover uma oportunidade de encontro com o provável candidato.* 2° *O terror quase pânico de perdê-la e de perdê-lo.*

Compelida pela primeira causa, a jovem busca e fomenta infatigavelmente a convivência com os rapazes; negligência, entre eles, na escolha das suas relações; não escrupuliza nos temas de conversação, no programa dos divertimentos, na solicitação para festas, jogos, excursões, etc.; não recusa diante de qualquer audácia, indiferente como se tornou ao escândalo e à integridade da sua própria reputação.

Compelida pela segunda, aceita como norma de conduta o critério do rapaz. Se tem a infelicidade de atrair um miserável, desses que desfrutam a existência à custa das cabeças inexperientes ou levianas, acomoda-se com a falta de respeito à sua pessoa, evita refletir sobre os próprios atos, foge a toda vigilância e a todo conselho que a poderiam amparar na voragem do abismo em que se precipita.

E um dia, afinal arrependida, nem sempre poderá retroceder ou terá força para isso, tão comprometida se encontra com aquele a quem deve os seus desregramentos.

Admitindo que assim é, o que caberia aconselhar à jovem, segundo nos parece, seria o seguinte: que considere o casamento pelo seu sentido sobrenatural, isto é, como missão providencial a fim de que se cumpram neste mundo os desígnios de Deus, a qual, como toda missão, supõe: a) *um chamamento*; b) *condições para que o chamado se realize*; c) *circunstâncias que o comprometem*.

Um chamamento, isto é, inclinação positiva para a vida matrimonial, aptidão, espírito de generosidade e de sacrifício para dar boa conta das suas árduas tarefas, e não açodamento, pieguice, influências da idade, baboseiras afinal.

Condições para que o chamado se realize. Sendo o matrimônio uma vocação, crer que quem a dá não se descura de proporcionar o encontro daqueles que assim se devem unir. Nesta convicção, limitar-se apenas a se pôr nas condições de quem espera o chamado. Quer isto dizer que a jovem desempenhará os seus deveres atuais como uma preparação para o estado conjugal, tomando a sério as suas tarefas, desde já aceitando e se conformando com o lado austero da vida doméstica, e confiará que, na hora precisa, Deus premiará a sua docilidade proporcionando-lhe o encontro com o marido providencial.

Circunstâncias que o comprometem. O açodamento na busca de um noivo, antecipando-se à hora da Providência; as concessões resultantes do medo de perder a sua oportunidade, e outras, desonestas no fato embora nem sempre na intenção, são suscetíveis de consequências as mais infelizes, como por exemplo: não se realizar o casamento ou pior ainda, realizar-se para maior infortúnio da moça que fica, deste modo, com o seu destino ligado ao de um homem egoísta, despótico e torpe nos hábitos, nos sentimentos e consequentemente na prática da vida conjugal.

Objeção Final

Ao fim destas considerações queremos contar com uma objecção possível, que vem a ser a seguinte:

Cercando-se o casamento de tantas precauções não haverá

o perigo de fazê-lo perder o seu caráter de espontaneidade, a nota afetiva e romântica com que atrai as almas, e mesmo o de desencorajar os pretendentes dando razão ao ditado: "quem pensa, não casa?"

Antes de responder a estas dificuldades parece-nos ter o direito de ponderar que estamos longe de pretender o papel de teorizante do casamento. Tanto é assim que no que deixamos escrito sobre o assunto não procuramos inculcar um método próprio, nem sequer algum de nossa preferência, para a conquista de um noivo.

Ao contrário disto, nos limitamos a aceitar aquela que a própria moça moderna indica como sendo atual, apenas advertindo-a quanto às suas possíveis insídias.

Nosso intuito, eis a verdade, é evitar que lhe aconteça o mesmo que, segundo dizem, terá acontecido a certo carneiro que indo buscar lã saiu tosquiado, isto é, que a jovem desprevenida, de boa-fé, vá à *camaradagem* para encontrar um noivo, ao *coquetismo* para melhor atraí-lo e prendê-lo e à *intimidade* para conhecê-lo suficientemente, e, por fim, por falta de bom critério, perca o seu tempo e ainda por cima venha a perder o seu sossego, todas as suas esperanças e até mesmo a própria reputação.

Retomamos, porém, o fio da nossa meada.

Não há aqui a pretensão de coarctar as almas num dos seus movimentos mais livres que imaginar se possa; a tentativa infantil de submeter a enquadramento, à sujeição de normas arbitrárias; diga-se a tentativa de racionalizar uma realidade que se sobrepõe, como toda a realidade humana, às fórmulas, ainda mesmo as mais sabiamente concebidas, pois não ignoramos, que isso seria, além do mais, inútil.

De resto, por nossa vez, não desejaríamos que ao enlace conjugal viessem a faltar o acento lírico e a confiança que o amor inspira.

O nosso empenho não consiste aqui em preconizar um receituário de casamento a preço módico e sim em reivindicar, na vida moral da jovem moderna, o direito da sua inteligência interferir numa decisão das mais graves que possa tomar em toda a sua existência.

Em outras palavras: o que pretendemos é que a jovem viva num ambiente formado pelos sadios princípios de ética familiar aqui expostos, portanto habituada a trazer entendidos a razão e o coração, de modo que quando se resolver a escolher o seu companheiro de destino, o possa fazer sob as indispensáveis condições de acerto e de ventura.

Quanto ao perigo da renúncia ao casamento em virtude da exigência feita à jovem, de pensar e repensar nos seus problemas antes de se decidir a mudar de estado, é ele inadmissível tratando-se de jovens cristãs, para quem, portanto, o matrimônio é um "chamado". Isto porque essas não ignoram que quem "chama" tem o direito de ser obedecido e dá também a força para triunfar todos os obstáculos, além de que promete tornar suave todo jugo aceito por seu amor.

O mais deplorável dos erros que se cometem contra o casamento por aí afora, de que resultam tantos arrependimentos tardios, consiste precisamente na imponderação com que tão frequentemente se procede nesta matéria, ou seja, em não procurar saber se um será realmente o complemento do outro, se as condições de idade, de saúde, de meios econômicos, de educação, de religião, e se nas obrigações fundamentais do novo estado, quanto à vida social, ao advento e direção dos filhos, à fidelidade mútua; se na realização, em suma, de todos os fins do casamento estarão de perfeito acordo; em não se dar conta de um fato da mais considerável importância, isto é, que toda união supõe sacrifícios, digamos penosos sacrifícios, inclusive mesmo as mais felizes.

Nunca será demais, por isto, que os pais e os educadores abram os olhos da juventude para este aspecto do matrimônio, bem entendido, não com a intenção de fazer malograr sistematicamente suas aspirações à vida conjugal infundindo-lhe o terror contra o casamento, porém para que não se precipitem casando antes de tempo e sem motivo, ou apenas para satisfazer sua própria vontade; porém para que quando, o fizerem, casem sabendo o que fazem, ou seja, com o ânimo devidamente preparado para o que der e vier.

Assim sendo, pode-se dizer para concluir, que pensando e repensando no seu projeto de casamento quando for posto pelo coração, o que a jovem poderá evitar não será propriamente o casamento, porém o mau casamento, ou seja, o casamento sem ter sido chamada para ele, ou o casamento com aquele que lhe não era destinado pela Providência, digamos um casamento sem a audiência ou mesmo contra a vontade de Deus.

AFIRMAÇÃO DE PERSONALIDADE

O Domínio de Si Mesma

Retomando as considerações sobre o despudor feminino e os equívocos do "companheirismo" examinaremos agora outros aspectos da questão tendo em vista, muito particularmente, a confiança que a jovem moderna deposita em si mesma, porque, fazendo uso da sua liberdade, tem maior contato com a vida do que o que foi permitido à mulher em outros tempos; porque tem mesmo com a vida todos os contatos que lhe aprouver.

Nada, realmente, lhe impede os movimentos. Todas as carreiras estão franqueadas à sua ambição. Assim, todos os conhecimentos. Assim, igualmente, a satisfação de todas as curiosidades, ainda as mais indiscretas.

Por isto, de nada ou de quase nada se envergonha ou quer se envergonhar. E mesmo se expõe, sem o menor receio, a todas as convivências, preferindo desafiar os imprevistos a fugir às ocasiões de perigo.

A jovem moderna, de resto, está segura de que os novos motivos que agora lhe solicitam a atenção com o alargamento do campo da sua atividade, diminuem, de muito, o interesse pela aventura galante.

Em poucas palavras, a jovem moderna confia em si própria pelas seguintes razões: 1° porque conhece o mal e privando com ele exercita-se a combatê-lo; 2° porque para neutralizá-lo considera-se provida de elementos de defesa que as passadas gerações de mulher quase não conheceram.

Vejamos o que valem tais argumentos.

Aceitamos, para começar, que o conhecimento do mal — e tomamos aqui como tema o da sensualidade — é uma condição necessária para a precaução contra ele.

Ninguém, com efeito, ousa dizer que a ignorância favorece a virtude, pois é erro funesto supor que a pureza exclua o conhecimento da impureza, uma vez que a castidade inconsciente é um privilégio da idade infantil.

A partir da adolescência é sabido que, para preservar a castidade, faz-se preciso tomar conhecimento daquilo que a ela se opõe.

Está certa, portanto, neste particular, a jovem moderna. Mas certa, bem entendido, se admitir também que esse conhecimento para ser realmente proveitoso supõe condições: a) *a convicção de que é conhecimento do mal*; b) *que ele deve ser ministrado em tempo oportuno*; c) *com método adequado*; d) *por pessoa competente*; e) *e permanente vigilância do coração.*

Examinemos, ainda que sumariamente, cada uma dessas condições:

Que é conhecimento do mal. Com efeito, ao instruir a moça sobre as tentações a que se verá exposta, sobre a malícia que pode haver na intimidade dos rapazes, sobre as possíveis consequências de uma expansividade excessiva na vida mundana, sobre o inconveniente de certas atitudes pouco feminis, sobre os perigos da liberdade tomada como um direito de expandir sua personalidade sem restrição de nenhuma espécie, deve-se formar-lhe ao mesmo tempo a convicção de que tudo isso é um mal. De outro modo esse conhecimento contribuiria para agravar antes que para remediar as consequências da ignorância de tais realidades.

Não se formaria, assim, na jovem, o que é indispensável: sua consciência moral.

Que o conhecimento deve ser ministrado em tempo oportuno. Promover, com efeito, a revelação dos aspectos mais ou menos repugnantes da vida, antes que haja a necessária disposição de espírito para abominá-los, pode dar o resultado que se colhe todas as vezes que agimos com precipitação; pode-se criar um perigo onde ele não existia; pode-se produzir um despertar violento da sensibilidade sem que a vontade esteja em condições de reprimi-lo.

A questão da idade, do temperamento e das características do meio devem ditar o momento propício para a iniciação intelectual em tal domínio.

Deve ser ministrado com o método adequado. O coração materno quase nunca se engana quanto à maneira de proporcionar o que se convencionou chamar os "conhecimentos secretos".

De modo geral, no entanto, pode-se dizer que tais conhecimentos, iniciados como já foi dito, em tempo oportuno, devem ser ministrados progressivamente, à medida que a inteligência adquire a noção do dever, que o coração se afeiçoa às suas normas e a vontade se educa na sua lei.

Um conhecido educador, a propósito da natureza desses conhecimentos, fazia a seguinte observação que vem aqui muito a propósito: como eles descobrem uma fonte de prazer, o problema não consiste propriamente em o expandir, porém em formar uma vontade suficientemente vigorosa que resista aos ímpetos dos sentidos.

Um outro grave inconveniente a evitar é o dos temores desmoralizantes de uma natureza morbidamente escrupulosa, que vê facilmente o mal onde ele não existe.

Por pessoa competente. Como se trata de conhecimento que devem ser dados com delicadeza e superioridade de vistas, aqueles que estão indicados para isso são os que receberam de Deus, na expressão de Pio XI, "a missão educativa e as graças de estado", ou seja, em primeiro lugar os pais e, a título complementar, os sacerdotes e por fim os médicos de confiança da família.

Esses conhecimentos não pertencem, como se vê, à categoria dos que a jovem pode conseguir por si mesma salvo em casos excepcionais. E muito menos à natureza daqueles cuja aquisição possa fazer, sem grande perigo, com a simples experiência da sua vida.

Vigilância do coração. O engano da jovem moderna está em supor que o conhecimento do mal por si mesmo, é suficiente para sujeitar a vontade à regra do dever.

Na realidade, se assim fosse, todo o problema da vida estaria encerrado no saber. E neste caso seria mais virtuoso quem mais instruído.

Esta excessiva confiança depositada na inteligência é uma das manifestações da ingenuidade das jovens modernas, porque, em seu simplismo, lhe atribuem uma virtude que não possui: a de conduzir.

Com efeito, a inteligência permite distinguir, julgar e raciocinar sobre os fatos, porém não tem força imperativa para obrigar a agir.

Não é mesmo raro que ela deixe de preponderar nas decisões. E ninguém ignora que as grandes quedas são também grandes transgressões consentidas, às suas indicações mais categóricas, portanto são grandes delitos cometidos contra a própria inteligência.

Verifica-se então que especiosas razões do coração prevaleceram sobre a própria razão.

O engano da jovem moderna procede, pois, de não contar nesta ordem de coisas com o coração, que pelo fato de ser fonte de vida o é igualmente do bem e do mal.

Segue-se daí, por via de consequência, que antes de abrir os olhos à curiosidade do mundo, pela inteligência ou pela experiência das suas seduções, é necessário ter criado na vida interior da jovem o clima propício às energias indispensáveis à luta contra a influência do mal e das más inclinações.

Esse clima — para nos limitarmos apenas à indicação dos seus elementos naturais — resulta de uma preparação cuidadosa do coração no sentido de ajustá-lo a um ideal de vida superior, de lhe fazer conhecido e amado o Bem, de andar inclinado à aceitação dos sacrifícios que o dever impõe.

Esse clima é bem o que se chama a consciência moral, em grau acomodado à verdura dos anos, é certo, mas já esclarecida nas suas grandes linhas, já orientada para um fim preciso e já dotada do suficiente poder de realização na conduta do adolescente.

Em poucas palavras: para que a jovem esteja em condições de resistir ao mal que lhe pode vir da revelação das tentações exteriores a que todos nos encontramos expostos, é preciso que o seu coração já esteja formado no sentido da resistência às próprias tendências egoísticas e no da aceitação de um plano de vida à altura de um verdadeiro destino.

Dissemos que uma das razões pelas quais a jovem moderna tanto confia em si mesma se funda na convicção de que dispõe hoje de elementos de defesa muito mais eficazes de que as mulheres possuíam em outro tempo.

Segundo temos lido em inquéritos femininos, e ouvido por aí afora, as armas de efeito infalível em que tanto acreditam, são o seu maior pendor para o estudo, para as artes, a ação e o trabalho.

Bem se vê que há exagero, e não pouco, no mérito que se atribui a esses elementos defensivos dado que nenhum possui valor moral por si mesmo.

Toda gente sabe que há ideias morais como há amorais e mesmo imorais pelo sentido que encerram. O mesmo acontece à inspiração artística. E não se nega que a ação e o trabalho podem obedecer a móveis ilegítimos e egoísticos e mesmo criminosos.

Além disto, é de tal modo insidiosa a natureza humana que pode tirar o mal do próprio bem. Assim, por exemplo, a explanação de uma ideia sã é suscetível, no seu desenvolvimento, de apresentar aspectos que despertam a malícia dos sentidos. É o caso de consideração imprudente, mesmo de uma virtude tão sublime como a pureza, poder sugerir imagens impudicas e maus *pensamentos consentidos*.

Deste modo o que consta, na realidade, em nossa conduta, são os princípios e as disposições interiores com que os imprimimos em nossa vida prática; é conhecer o Bem, não resta dúvida porém, com a condição de subordinar aos seus ditames nosso sentir e querer.

Não pretendemos com isso negar o valor do estudo, das artes, da ação e do trabalho como fator da moralidade individual e social, pois acreditamos também que alargando o âmbito da nossa visão, ampliam muito os horizontes da nossa vida pessoal e social.

De resto, igualmente admitimos que, se verdadeiramente essas atividades absorvem o espírito de alguém, não é fácil que aqueles a quem isso acontece encontrem energia e tempo para dissipá-los em coisas frívolas e práticas viciosas.

De um regime de vida assim, com razão já foi dito, que "pela satisfação que procura e pelo tempo que consome, impede ou restringe o gosto pelos prazeres malsãos, apazigua as paixões e fortifica o querer".

Em si mesmo, porém, voltamos a dizer, não tem força imperativa para levar a vontade a agir segundo o bom entendimento das coisas, máxime quando há um bem violentamente cobiçado a renunciar.

Certa redatora de uma conhecida revista ilustrada, tratando do problema com a superficialidade própria desse gênero de publicações, depois de condenar o apelo à moral e à religião como uma solução simplista e "pouco humana", indica a cultura e a vaidade femininas como a melhor terapêutica a adaptar, nessa alternativa, pela mulher moderna.

Teria assim a juventude feminina um elemento novo para assegurar o domínio de si mesma, diante do perigo sentimental.

A jornalista em causa justificava deste modo suas esperanças: sendo a vaidade manifestação de uma grande estima da criatura por si mesma, interpõe-se como rival entre o homem e a mulher, e distrai-lhe os sentidos da solicitação amorosa para os cuidados da ornamentação de si própria.

Deste modo, a vaidade feminina agiria como corretivo da sensibilidade da mulher.

Talvez um tal expediente dê resultado em algumas almas. Generalizá-lo, porém, seria um erro igual ao de quem, pelo fato de haver quem seja capaz de dar alguns passos sobre uma corda bamba, admitisse que seria esta a melhor maneira de transpor um precipício...

Na verdade a estima de si mesmo que será em todas as circunstâncias mais ou menos infalível, é a do lado nobre da nossa natureza: os altos sentimentos, a força do caráter, tudo o que nos eleva ao plano da nossa dignidade espiritual.

Em conclusão, cabe dizer que o domínio sobre si mesmo que a jovem moderna supõe possuir, baseada sobre tais argumentos, se não é mera presunção, será um domínio incompleto ou precário.

Pode ser mera presunção — uma destas conhecidas fraudes com que o orgulho e a vaidade costumam embair às almas levando-as a crer que se dirigem por si mesmas quando afinal obedecem às sugestões da malícia própria ou alheia.

É incontestavelmente verdadeira esta observação da "Imitação de Cristo": "Muitas vezes temos dentro de nós escondida, ou de fora nos ocorre alguma coisa, cuja afeição nos leva após si".

Será, na melhor das hipóteses, um domínio incompleto, dado que na idade juvenil não se atinge à manifestação integral das forças interiores que influem em nossa vida, portanto em nossas decisões.

Será, em todo caso, um domínio continuamente ameaçado na sua estabilidade, porque por mais pujantes que sejam nossas energias naturais e as nossas capacidades de realização, sempre nos ressentimos, em qualquer fase da vida, de uma incurável tendência a ceder, a fugir à luta conosco e com o meio, principalmente quando temos de marcar nossas ações com o cunho da dignidade moral, quando temos de sujeitar nossos caprichos e ambições, em uma palavra, nosso coração, a uma regra austera de vida superior.

A Fuga às Ocasiões de Perigo

Dissemos que está no espírito da jovem moderna a decisão de antes lutar com os imprevistos que fugir às ocasiões certas de perigo.

Compreende-se que lhe repugne a tática de fugir, pois ninguém pode ignorar que é próprio, que é mesmo uma virtude característica dessa idade o desassombro. E o é porque a jovem possui, de modo claro ou obscuro, a intuição de que representa o termo triunfante de uma luta da carne e do espírito, travada no mais profundo do seu ser, entre a menina que era ontem e a adolescente em que se transformou; luta para a edificação de uma nova personalidade.

Por este motivo, a juventude ou é corajosa ou não é juventude. E deve-se esperar ainda, pelas mesmas razões, que entregue a si mesma, sua coragem tenda menos à prudência do que à temeridade.

De resto, nos últimos tempos, a juventude vem sendo demasiado estimulada no sentido dessa temeridade, pois uma literatura bastante difundida e movimentos sociais e políticos de grande envergadura a têm excessivamente lisonjeado.

Seu instinto associativo, o fundo generoso da sua alma ainda não contaminada pelos vícios que represam os impulsos naturais de justiça e de solidariedade humana como o da propriedade, em suma, todas as qualidades que possui e que se lhe podem atribuir, tudo tem sido explorado, tudo tem sido aproveitado como tema de exaltação.

A juventude, com efeito, sem exagero o dizemos, tem sido glorificada, tem sido mesmo adorada. Ela, pelo menos, até o começo da última guerra, constituía um dos mitos do nosso tempo.

Assim, tanto por instinto quanto pelo clima em que está vivendo, a jovem moderna repele naturalmente a ideia de fugir às oportunidades de perigo. De resto supõe existir nessa fuga, uma implícita confissão de fraqueza, mesmo já indícios de capitulação. E por todos esses motivos convence-se que é mais digno, mais belo e até mais eficaz ir ao encontro do perigo para combatê-lo.

Malbrough s'en va-t-en guerre[6]... É quase inevitável.

Nesta decisão, como é fácil de demonstrar, influem vários equívocos, especialmente o de supor que fugir às "ocasiões" é o mesmo que fugir ao perigo.

Cabe, por isso, desfazer tais enganos a fim de que não pareça à jovem moderna, incoerente e pusilânime a sugestão de fugir no

6. "*Marlborough* vai para a guerra", canção popular francesa que faz referência a *John Churchill*, Duque de *Marlborough*, que ficou conhecido devido às suas habilidades e estratégias de liderança na Guerra da Sucessão Espanhola. A canção foi criada pelos franceses que acreditavam ter matado o seu inimigo, o Duque de *Marlborough*, em uma das batalhas. Assim, a canção conta o fracasso da batalha e a suposta morte do duque.

sentido em que aqui é indicada, e bem assim no intuito de que se tranquilize com a segurança de que tal fuga não a exporá ao risco de perder o seu penacho; de recolher, sem glória, armas e bagagens.

Tendo em vista esse propósito, esforcemo-nos, primeiramente, em precisar bem o sentido da expressão "ocasião de perigo".

"*Ocasião de perigo*". São aquelas oportunidades em que nos colocamos ou somos colocados ao alcance de uma tentação.

Distinguem-se em *exteriores*, se os agentes da tentação vêm de fora de nós: más companhias, leituras provocantes, espetáculos imodestos etc.; em *interiores*, se parte de dentro de nós mesmos o elemento perturbador: maus pensamentos, curiosidades indiscretas, desejos inconsiderados etc. Distinguem-se ainda em *próximas* e *remotas*.

São próximas aquelas em que o perigo é tão imperioso e imediato que a reação, para ser eficaz, tem de se fazer pronta e vigorosamente.

Tal é, por exemplo, a situação de uma jovem que, a passeio com um jovem, se vê imprevistamente solicitada pelo mesmo, em recanto solitário, a consentir em carinhos que não justificam no estado de solteira em que se acha.

São *ocasiões remotas* aquelas em que o perigo não é imediato nem mesmo, em tantos casos, evidente, ainda que seja previsível.

Tal seria a situação da mesma jovem no momento de aceitar

o convite para o passeio de que resultou a conjectura embaraçosa já citada.

A *oportunidade de fugir — Ocasiões remotas.* Não é difícil sustentar que a tática de fugir sistematicamente tem perfeita cabida e é relativamente fácil de pôr em execução tratando-se de *ocasiões remotas.*

Nesta eventualidade, como é sabido, a tentação manifesta-se com o perigo à distância, portanto sem violências sobre as faculdades de discernimentos, em condições que permitem ajuizar das consequências dos nossos atos. Assim por exemplo, quando uma amizade começa a se tornar duvidosa, uma imagem excitante e um pensamento desnorteador, a inteligência e a sensibilidade denunciam as primeiras investidas do mal.

Nas desordens a que se entregam os jovens em regime de namoro, com efeito, a consciência bem os adverte do perigo. Acedem-se as jovens a certas exigências dos jovens, isto não acontece, em geral, por ignorarem a inconveniência daquilo que eles exigem, porém, em tantos casos, assim procedem porque se deixam dominar pelo temor de os desgostar, de os aborrecer e até (é o cúmulo!), pelo receio de "ofender o rapaz", como já vimos escrito em certa revista ilustrada!

É claro que para agir a tempo é indispensável que a jovem, em lugar do temor de desagradar aos rapazes, possua principalmente o de não comprometer sua própria reputação e se comporte em conformidade com este temor.

Figuremos, para maior clareza, o caso do amor.

É bem certo, como diz uma cronista mundana, ao que parece, experimentada nas suas aventuras, que ele "nunca é passivo e exige sempre algo que sirva de combustível para o fogo que o devora".

Atenta a este fato, a jovem cultivará em si a determinação de não lhe alimentar as chamas com o sacrifício da sua dignidade pessoal.

Com este intuito, fugirá então a lhe fornecer os perigosos ensejos: encontros a sós com um rapaz em lugares ermos, conversas sobre ternas demasiado maliciosas ou sentimentais, permuta de carícias, intimidade excessiva etc. E nunca esquecerá o aviso de quem era mestre de sabedoria:

"Os sensatos temem e se desviam do mal; só os imprudentes o descuram e se consideram seguros" (Pv 14, 16).

Tratando-se de *ocasião próxima*, em geral, a fuga ainda é possível. Sê-lo-á, porém, de um modo geral, em luta aberta contra nós mesmos, porque, até certo ponto, já nos achamos sob a influência da tentação.

E assim é, em primeiro lugar, porque a ocorrência de uma ocasião próxima é quase sempre a consequência da incúria diante de ocasiões remotas, várias ou repetidas; em segundo lugar, porque quando ela se verifica, a tentação já terá passado da primeira fase — a da *sugestão* do mal — e se encaminha para a da deleitação ou mesmo para a do *consentimento* ainda que imperfeito, hesitante.

Mesmo, porém neste caso ainda a melhor tática é fugir, certo de que tem razão a sabedoria popular quando diz que a "ocasião faz o ladrão".

Fugir, no entanto, às "ocasiões" não é uma abdicação da personalidade nem uma covardia moral, pois não é sempre um sinal de fraqueza. É mais propriamente um ato de defesa antecipado para nos conservarmos distantes das influências estranhas. É mesmo um expediente de luta, uma conhecida tática de guerra — chama-se prudência, chama-se astúcia.

Tenha-se presente, a este propósito, que nem todas as retiradas são humilhantes, e que de muitas se ocupa a História como de feitos os mais gloriosos.

De resto a fuga às ocasiões, sendo embora uma ação negativa, não exclui, antes supõe a ação positiva: pelo trabalho, pela ordem, pela vigilância, pela moderação, pelo cultivo de um conjunto de qualidades e sentimentos que dotam o espírito de equilíbrio, de força, de disciplina, de lucidez na concepção, na obediência às regras da lei moral e na fidelidade à linha do seu destino.

Isso posto, cabe concluir que não fugir às "ocasiões" de perigo, longe de ser uma virtude é uma insensatez, pois "quem ama o perigo, nele perecerá" (Sl. 3, 27). Tudo ler, tudo ver, tudo conhecer, é tentar realizar a proeza absurda, segundo conhecida imagem, de querer caminhar sobre carvões ardentes sem se queimar.

Tal é a situação da jovem que se expõe a todos os contatos do mundo, mesmo animada das melhores intenções, pois não passa de falaciosa segurança aquela com que aceita, em sociedade, todos os convívios; com que descura na escolha dos livros, companheiros e gêneros de diversões porque se considera senhora de si, segura do seu querer e invulnerável às influências malsãs.

Em certa crônica de uma revista de modas encontramos um exemplo dessa falsa segurança. O autor preconizando para a mulher as práticas desportivas responde à possível objeção de que elas conduzem a "familiaridades escusadas", com o seguinte argumento: "uma mulher à altura da sua missão social e doméstica sabe o que deve a si e ao seu meio; adivinha sempre como manter-se entre as outras pessoas, sem demasia... nem reservas excessivas".

"Sabe o que deve a si e ao meio; adivinha sempre"!

Como que a replicar a essa prosápia, em outra crônica inserta na mesma revista, a propósito de atitudes nada timoratas de senhoras e senhoritas modernas, faz-se o seguinte comentário: "Isto dos espíritos fortes vai transtornando a vidinha de muita gente"...

A esta observação, sim, não se pode dizer que falte justeza e oportunidade, pois nunca houve tanto "espírito forte" entre as mulheres, isto é, tanta compenetração da força que possuem e tanta profusão de conhecimentos das realidades da vida e, no entanto, o termômetro dos costumes sociais baixo a olhos vistos, e baixo a tal ponto que foi preciso inventar o flerte (e ainda aqui nos servimos das preciosas indicações da mesma revista elegante) para atender a uma necessidade do amor que, deste modo, diz o seu cronista mundano, "defende-se pela quantidade, posto que não interessa mais pela qualidade".

Digamos afinal, para terminar, que mesmo fugindo às ocasiões de perigo não faltará à jovem oportunidade de demonstrar sua natural intrepidez, sem lhe ser necessário provocar os dragões semiadormecidos em sua floresta interior.

Com efeito, se bem considerar em si mesma, descobrirá um campo demasiado vasto em que empregar suas energias combativas: a volubilidade do querer; os caprichos da imaginação; a sensualidade a reclamar o ócio, repouso e prazer; o amor próprio a eliminar simpatias; o egoísmo a gerar incompatibilidades; a vaidade a comprometer saúde e reputação, etc., ou seja, lutar contra as más tendências da sua natureza.

Se considerar em torno de si, não serão de menor alcance as perspectivas de ação varonil a exercer, por exemplo, contra as amizades comprometedoras, a vaidade das coisas, as seduções da vida, as modalidades quase infinitas de tentações do mundo nas modas, nas diversões, no desregramento das paixões de toda sorte, etc., ou seja, lutar contra as más influências do meio.

Condições para o Domínio de Si Mesma

Quando a jovem se lança, destemerosamente, a todos os contatos do mundo, às famigeradas "familiaridades escusadas" como se dizia na crônica elegante atrás citada, porque se julga forte e invulnerável e porque acredita possuir o sentido divinatório, o senso das pessoas, das conveniências, das circunstâncias e outros que tais, assecuratórios, ao que pensa, do domínio sobre si própria, sentimo-nos inclinados a desconfiar de tanta segurança. Afigura-

-se-nos que nem sequer lhe tenha ocorrido algum dia observar o seu mundo interior, pois, na realidade, só os que jamais tiveram a curiosidade de examinar o fundo misterioso em que se geram seus pensamentos e os motivos tão diferentes, e por vezes tão contraditórios, que ditam suas ações, só esses, em via de regra, em tais circunstâncias, costumam proceder com tanto arrojo. E porque assim procedem, incidem no erro, aliás endossado por tantos pedagogos modernos, de considerar relativamente fácil o autodomínio, que fica muito correntemente reduzido a simples bazófia, à vulgar superabundância de si mesmo.

No entanto, dominar-se, é coisa bem diferente, supõe várias condições; várias e complexas como veremos a seguir.

Supõe, em primeiro lugar, o conhecimento dos valores morais da vida e da convivência humana, assim, por exemplo, o dever, a bondade, o amor, a justiça, a verdade, etc., a fim de poder dar a cada coisa o apreço que lhe corresponde.

Por falta desse conhecimento ou porque não o utilizemos devidamente, nos dispersamos e malbaratamos tanta energia em lutas vãs ou na conquista de bens secundários e mesmos enganosos.

"Continuo à procura das ilhas felizes", escrevia um poeta brasileiro, sentindo já o corpo vergar para a terra, embora das mãos dissesse que "se alongam para o sol".

Na mesma ilusão das "ilhas felizes", vivem tantos, ainda menos venturosos do que o poeta, porque se afadigam na sua busca enquanto ele espera possuí-las sem esforço, como simples dádiva do sol.

O domínio sobre si mesmo supõe, em segundo lugar, o hábito da confrontação das nossas ações com esses valores morais, a fim de ajuizarmos de nosso progresso sobre as coisas e sobre nós próprios.

Assim, por exemplo, sabido o que é o dever, a bondade, o amor, a justiça, a verdade etc., necessitamos saber igualmente até que ponto nossa vida se ajusta à ideia que formamos dessas virtudes.

Que coisas nos interessam? Serão elas, acaso, as que deviam nos interessar? Até que ponto somos firmes no cumprimento do nosso dever? Saberemos, porventura, ser irredutíveis na defesa da honra, da verdade ultrajada, da justiça ou da fraqueza escarnecidas? Saberemos, com certeza, represar a torrente dos desejos para aceitar o sacrifício que nos impõe a renúncia a uma satisfação ardentemente cobiçada?

O conhecimento dos valores morais e a confrontação da nossa conduta com a ideia que formamos desses valores seriam, ainda assim, insuficientes para determinar qualquer progresso na justa aspiração de exercermos domínio sobre nós mesmos se não nos dispuséssemos, firmemente, a declarar guerra implacável às nossas costumeiras servidões.

Essas servidões, de sobejo conhecidas, resultam do predomínio das nossas más tendências ou sejam dos hábitos de intemperança, de negligência, de ociosidade, de abandono ao "Deus dará".

Ao seu sabor a existência torna-se inútil, o querer inconstante, os desejos tumultuários e a vida sem sentido ou sem dignidade. A sensualidade, o embrutecimento do espírito, o amor excessivo de si próprio, o gosto pelo luxo, a ambição desenfreada, a presunção, a hipocrisia, a indocilidade, a rebeldia, o orgulho, a desordem, a preguiça, a impureza, terminarão por nos dominar e corromper.

Daí a necessidade de nos acharmos permanentemente em luta contra os maus hábitos, ainda nas mínimas coisas da vida. E mesmo nestas, porque é certo que quem não se vence nas pequenas coisas dificilmente poderá lutar com as grandes.

O domínio de si mesmo supõe ainda a posse de uma vontade disciplinada e orientada para um fim preciso.

A disciplina resulta, como já vimos, do hábito da luta consigo próprio, opondo, por exemplo, à tendência à preguiça, o esforço do trabalho; à tendência para a intemperança, o esforço da continência, e assim sucessivamente.

A orientação da vontade depende de que, tendo assentado quais serão as características fundamentais da nossa pessoa moral, aceitemos os meios adequados para realizá-la.

Em palavras mais claras: para dirigir à vontade, convenientemente, devemos antes ter respondido a nós mesmos, sim ou não, se queremos ser honestos, generosos, justiceiros; para tudo dizer sem subterfúgios se queremos ser pessoas de bem.

Depois de feita essa escolha não há senão que aceitar os meios conducentes a sujeitar a nossa vontade a executar o que a inteligência decidiu, porque quem quer uma coisa quererá, necessariamente, os meios adequados para obtê-la.

Esses meios são às vezes bastante árduos, porque exigem, para a sua prática, requisitos invulgares como saber resistir a um prazer, mesmo lícito e saber suportar voluntariamente um sofrimento escusável.

Empregados comumente na pedagogia infantil, utilizando-se processos intelectuais e mecânicos de repetição, além de outros especialmente dirigidos à sua sensibilidade, com o fim de formar uma personalidade viril, não deixam de ser também fecundos, aplicados mesmo aos adultos, durante toda viela, para assegurar e ampliar, quanto possível sua liberdade moral.

Não é, portanto, vivendo à mercê das circunstâncias, sem plano, sem um ideal definido; sem noção dos princípios superiores da existência; sem controle efetivo dos seus atos; sem ajustar a vontade a uma regra austera de conduta tendo em vista, para imitar, um conjunto de virtudes admiradas e queridas; não é confiando apenas em intuições, no conhecimento e na experiência da malícia alheia que poderá alguém se jactar do domínio de si mesmo, fazer o que quer, de sobrepor-se às influências dos outros e sobretudo às sugestões do mal.

O Verdadeiro Domínio de Si Mesma

Dado que não queremos imitar o ofício tios "semeadores de palavras vãs", sentimo-nos no dever de completar nossas considerações sobre o tema, demasiado complexo, do domínio de si mesmo.

Até aqui nos limitamos a examiná-lo apenas sob o prisma das energias naturais, dos recursos meramente humanos postos em prática para refrear, controlar e dirigir nossos desejos e todas as nossas energias espirituais.

Com isso, porém, o assunto não fica esgotado porque há a considerar o principal obstáculo a este domínio: a existência do pecado original.

Não podemos ignorar esse fato. E não o podemos porque ele próprio se denuncia no fundo do nosso coração.

Na realidade, só ele explica a misteriosa atração que o mal exerce sobre nós, a despeito de conhecermos e até de amarmos o bem; só ele explica um secreto e às vezes irresistível pendor do nosso espírito para a prevaricação.

"Cada um de nós, sim, é tentado pelos atrativos e pela sedução dos próprios desejos".

Aquele pendor se junta, incontestavelmente, uma certa debilidade da vontade para obrar o bem e uma forte inclinação para fazer antes o que agrada do que o que se deve.

É ainda de notar que as nossas boas qualidades, as mais ativas e elevadas, ou são adquiridas ou cultivadas, e todas pedem esforço para se manterem.

Daí o concluirmos que a vida moral se caracteriza como sendo o resultado de uma reação operada no íntimo de nós mesmos contra o mau funcionamento das nossas faculdades naturais tendentes à depravação; como sendo o fruto de uma reeducação da vontade debilitada ou transviada.

Há quem negue o pecado original. Toda uma filosofia da vida foi edificada sobre essa negação.

Não há, porém, construção mais incoerente e mais frágil. Lembre-se que tem como alicerce um dogma absurdo: *o da bondade natural do homem*.

Esse dogma é a tal ponto absurdo que necessitou de elevar à categoria de verdade conhecidas ficções como a liberdade, a igualdade e a fraternidade meramente temporais do homem. É tão absurdo que, exaltando a bondade do homem negou a bondade de Deus, a qual se tornou verdadeiramente incompreensível, se aquela existe, de modo absoluto, diante do espetáculo da desigualdade das condições humanas e do sofrimento dos inocentes.

Filosofia afinal execrável, porque gerou no seu ventre o "espírito satânico" das revoluções liberticidas.

Posta a questão no seu verdadeiro pé, caberia acaso acreditar ainda que os nossos recursos naturais bastarão sempre para que nos contenhamos nos momentos em que periga a virtude?

Há, não negamos, educadores leigos que autorizam a pergunta para respondê-la afirmativamente. E isto porque tudo esperam da educação física, da formação da inteligência, do controle da sensibilidade e da modificação dos costumes de acordo com um sábio e minucioso programa de reeducação da vontade.

Não nos parece necessário entrar a fundo nesse debate, porque não vemos que ele interesse tanto à nossa juventude, a essa juventude que acredita impavidamente possuir o domínio de si mesma só porque, ao que diz, conhece a vida, tem "ideias próprias" e confia na sua pessoa.

Em todo caso não seria demasiado acrescentar que tais pedagogos, tão ambiciosos, são justamente os que, imbuídos do preconceito laicista, excluem do programa da reeducação da vontade, sem mais nem menos, aquilo que tem maior poder de penetração nas almas, isto é, os motivos religiosos; são os que excluem, portanto, o fator de conservação e de renovação das nossas energias morais e cuja eficácia tem por si o testemunho de todos os tempos.

É, pois, fora de dúvida que, no acaso, são maus conselheiros; o que nos leva a recorrer, de preferência, aos educadores cristãos, a respeito dos quais o menos que se pode dizer é que são mais completos do que os outros porque atacam todas as causas da debilidade da vontade que os seus colegas atacam e, principalmente, que aqueles ignoram ou fingem ignorar, isto é, o pecado original.

Com efeito, sem prejudicar a ação restauradora do vigor da vontade pela vigilância, pelo trabalho, pela inteligência, pela disciplina mental e outros exercícios apropriados, socorrem-se também dos meios sobrenaturais: a oração, os sacramentos, a penitência, a meditação, etc., a fim de coroar o esforço humano dirigido no sentido de dar o máximo de eficácia às nossas faculdades naturais.

O primeiro efeito dessa cooperação entre a natureza e a graça, consiste em elevar nossas inclinações pessoais a um domínio em que se podem beneficiar com os eflúvios das perfeições de Deus. Nosso amor, nossas aspirações, nossa vida mesma se enriquecem e se fortalecem com essa participação da vida divina.

Um outro efeito da cooperação sobrenatural se manifesta na criação de um estado propício à ação do Espírito Santo, quando, pela infinita misericórdia de Deus, quer tomar a direção da nossa vida e elevá-la a um grau mais alto de poder e perfeição.

Esses efeitos, como é intuitivo, anulam os da culpa original. A natureza humana, portanto, readquire assim a integridade perdida com o pecado dos nossos pais. E o nosso eu, dotado do senso cristão e amparado pela "força do Cristo", enche-se de soberana energia que se exterioriza na firmeza das convicções, na sobranceria diante de todos os perigos, no destemor ao sofrimento e à morte, no uso pleno da liberdade para viver de acordo com uma verdadeira consciência que elege Deus como princípio e fim supremo das suas aspirações.

Eis-nos chegados, então, sem sombra de dúvida, à expressão soberana do domínio sobre nós mesmos.

VERDADES E VELEIDADES

Indiferença pela Malícia Alheia

Muitas jovens a quem se adverte do grave inconveniente de atitudes, costumes, maneira de vestir que lhe são habituais, porque resultam provocantes para o outro sexo, respondem como aquela a que já nos referimos aqui, dizendo que não se sentem obrigadas a orientar sua conduta pela malícia alheia.

A resposta, ninguém o nega, é um tanto ousada.

Prouvera a Deus que fosse igualmente sensata.

Vejamos, no entanto, as razões que as que assim replicam, poderiam invocar em seu favor, acentuando logo que uma tal resposta supõe, incontestavelmente, a irresponsabilidade da jovem na manifestação da concupiscência masculina daquele modo originada.

Será acaso bem fundada essa presunção?

Para respondermos devidamente à pergunta, figuremos as seguintes situações em que a jovem de família, nesta ordem de coisas, pode ser considerada: 1° ela ignora que pode produzir tais efeitos sobre a sensibilidade masculina; 2° ela sabe que pode, mas se desinteressa do fato; 3° ela faz o possível para não provocar a concupiscência do outro sexo.

1ª *hipótese*. — Pode-se aceitar que há jovens ignorando que certas intimidades, certas maneiras demasiado desenvoltas e umas tantas modas visivelmente impudicas despertam a baixa sensibilidade dos seus jovens companheiros e amigos. Com a liberdade de que desfrutam hoje as moças de família para ler, para se relacionarem, para se divertirem, para irem aonde lhes apraz; com as lições práticas do cinema, do teatro, das revistas mundanas, do romance de amor e do "companheirismo", não se quer mais admitir um tal desconhecimento nas jovens do nosso tempo.

Não sejamos, porém, a tal ponto radicais. Prefiramos crer no que tantos descreem. E admitindo essa ignorância, concluamos que em tais casos nenhuma culpa lhe recai pelo pecado daquele que por sua causa se inflamou.

Sua culpa, no caso, é de outra natureza. Provém da ignorância em inteirar-se de um conhecimento indispensável na sua idade, a fim de orientar sua conduta.

2ª *hipótese*. — A jovem sabe que pode despertar a concupiscência masculina, mas se mostra indiferente ao fato, limitando-se a não contar com ele.

Por esta razão faz o que quer, anda como quer, não se preocupa senão consigo própria.

Não praticará deliberadamente ato que possa ter repercussão nociva sobre a sensibilidade masculina, mas também não se coibirá do que lhe produz contentamento, só porque com isso poderá dar lugar à excitação dos sentidos em pessoas do outro sexo.

Assim, tendo embora conhecimento das más consequências que poderão resultar dos seus atos, a jovem procede como se de nada soubesse, por escravidão ao que lhe agrada ou por um mal entendido amor da liberdade.

Quer guardar neste particular inteira independência de ação sem dar mesmo atenção a que os outros se escandalizam, com o que faz ou com a sua maneira de proceder.

Não se pode ocultar que esta atitude é insensata e mesmo gravemente culposa, porque a jovem age mal, inadvertidamente, talvez, mas agiria do mesmo modo se fosse previamente advertida e nisso está a maior gravidade do caso.

Com efeito, acaso prevenida, por exemplo, de que sua maneira de vestir chama demasiadamente a atenção dos homens para o seu corpo com o risco de lhes despertar a malícia, não desistiria, por esse motivo, dos seus modelos prediletos.

A alegação de que não está no seu propósito provocar essa concupiscência não colheria porque em compensação, declarado ou não, existe o de não fazer caso, como já vimos, de que ela se manifeste. E não é preciso mais para que se caracterize a figura de um pecado grave: o do consentimento dado à tentação do próximo.

É incontestável que as jovens que assim procedem se nivelam com os pecados públicos a respeito dos quais disse o Cristo que "melhor lhes seria que com uma roda de moinho atada ao pescoço fossem precipitados nas profundezas do mar". (Mt 18, 6).

3ª *hipótese*. — A jovem não desejando suscitar nos outros o pecado da impureza, toma as devidas cautelas observando uma conduta prudente de acordo com o que prescreve o recato feminino.

Quer isto dizer que se vestirá com modéstia, não anuirá às conversas levianas, imprimirá aos seus atos a preocupação da pureza, evitará intimidades escusadas nas relações com o outro sexo, em uma palavra, não esquecerá nas suas maneiras este fundamento básico da nossa dignidade: "somos pedra angular da moralidade social".

Assim agindo, pois, nem direta nem indiretamente coopera no pecado, pouco provável, aliás, daquele em quem sua presença porventura haja despertado maus pensamentos.

Nenhuma responsabilidade, portanto, lhe pode ser atribuída em semelhante culpa, de resto improvável, como dissemos, porque o que é de regra é que as naturezas corrompidas sintam horror à sua degradação quando têm diante de si quem se faça notar pela pureza do coração e pela nobreza e espiritualidade de sua vida.

Vemos assim, nas três hipóteses figuradas que, em duas, ou seja, quando ocorre a ignorância dos males possivelmente resultantes da não consideração das maneiras e do vestir e quando a jovem se previne contra esses males, nenhuma responsabilidade lhe pode ser atribuída no pecado da impureza masculina.

Cabe, contudo, fazer aqui uma distinção esclarecendo que apesar de não haver culpa numa e noutra hipótese, a situação da jovem perante a manifestação daquela concupiscência não é em ambos os casos completamente idêntica, porque no primeiro a jovem poderia ter dado lugar, inconscientemente, bem entendido, à excitação da animalidade masculina, com uma imprudência, ao passo que no segundo, esta causa não pode ser ordinariamente admitida.

Parece, por isto, virem aqui a propósito, algumas sucintas considerações sobre a natureza da ignorância, uma vez que há uma que é culposa. Estaria neste caso a da jovem que advertida de que certas maneiras e certos costumes podem despertar nos homens malícia, não fizesse caso dessa advertência, deixando de se inteirar que maneiras e costumes podem ser assim prejudiciais.

Seria culposa essa ignorância porque a partir do aviso, se ela permanecer, passará a ser voluntária, pois a jovem procedendo deste modo dá a entender que prefere a satisfação daí resultante, ao seu dever de consciência, aos compromissos de sua vocação cristã... Repetindo a ímpia transação da salvação eterna por um prato de lentilhas.

Será culposa, lembramos ainda, como na hipótese figurada, a ignorância que é fruto da preguiça e do desleixo.

Em conclusão, só as jovens compreendidas no último grupo, isto é, as que se conduzem de modo a não olvidar que as suas ações repercutem nas pessoas com quem convivem, no meio em que vive, na sociedade que frequentam e, além desta vida, na Eternidade; só essas jovens poderiam, com perfeita tranquilidade de consciência, se desinteressar da manifestação da malícia alheia.

E o poderiam porque estão seguras de que é contra a sua vontade expressa da maneira mais inconcussa, que ela se manifesta.

Ainda assim, nem estas o farão porque, sabendo como sabem, qual é a gravidade do pecado da impureza, não podem ver com indiferença os que deste modo caminham para a eterna perdição. Elas não poderão ouvir sem terror estas palavras do Eclesiástico: "Vários homens se têm perdido em virtude da beleza da mulher; pois é por aí que a concupiscência abrasa como o fogo" (Eclo 9,9).

A Confiança na Própria Consciência

É comum que a confiança da jovem ao lançar-se imprudentemente na sociedade, se baseie apenas sobre a que deposita em sua própria consciência. Mais de uma vez nos tem acontecido ouvir adolescentes replicarem assim as observações que lhes parecem impertinentes: "Tenho minha consciência e basta".

Querem com isso dizer que para se orientar no meio dos perigos do grande mundo, sua consciência é suficiente.

E devia ser assim. Foi um homem nada imprudente — foi S. Paulo — quem disse certa vez: "Tudo o que não se faz segundo a consciência, é pecado". Do que logicamente se conclui que pautar sua vida de acordo com as inspirações da própria consciência é não somente uma condição para quem quer ser livre como ainda um requisito necessário de virtude.

E não podia ser de outro modo uma vez que a consciência deve ser, realmente, "a única regra moral de nossas ações". Ela é uma luz interior para nos levar ao necessário discernimento entre o bem e o mal, para nos dar a conhecer até que ponto os nossos atos são conformes com o nosso dever.

Por esses motivos, há obrigação expressa de agir segundo os seus ditames. As palavras de S. Paulo, aqui citadas, o dizem claramente. E o dizem com acerto, pois o Concílio de Latrão confirmou-as plenamente na seguinte proposição: "Tudo o que se faz contra a consciência, conduz ao inferno".

Tal obrigação é tão imperiosa que não cede nem mesmo no caso de uma *consciência errônea.* E não cede porque está entendido que fazer o que a consciência considera criminoso, do mesmo modo que deixar de fazer o que ela diz ser meritório, ainda que esteja em erro num e noutro caso, supõe a intenção de fazer o mal ou deixar de fazer o bem.

Devia ser assim, voltamos a afirmar, isto é, devíamos ter como guia exclusivo a consciência, além do mais, porque ela nos foi dada por Deus precisamente para exercer essa função, à qual, de resto jamais se mostra infiel.

Com efeito, só em casos anormais, como ensina um dos nossos compêndios, deixa a consciência de ser, no momento preciso, um *acusador* para o culpado, um *testemunho* da culpa, um *juiz* esclarecido, severo e incorruptível e um *carrasco* impiedoso e insaciável.

Portanto, tem razão a jovem em dizer que sua consciência lhe basta para determinar suas ações... Com a condição de não esquecer que, se por si mesma a consciência é um critério seguro para julgar do bem e do mal, em todo o caso pode estar viciada em seu exercício; com a condição de ter em vista que vários fatores de desordem, como por exemplo, a *ignorância*, *preconceitos*, *paixões*, *doutrinas* e *exemplos corruptores*, podem determinar uma verdadeira deformação, mesmo um contrassenso na concepção do bem e do mal, de modo que o bem pareça o mal, e vice-versa, que é o que se dá no caso da *consciência errônea*; com a condição, afinal, de, não esquecendo que ela pode ser assim viciada, precaver-se contra esse grave inconveniente.

Consequentemente, não basta querer se guiar pela consciência. É preciso também estar certo de que a sua não viola a lei interior em que se funda; de que é, indiscutivelmente, uma *consciência reta*.

Aliás, se as jovens temerárias não põem o problema desta maneira, é porque se consideram na posse mais reta das consciências...

Já dizia o prolóquio: "presunção e água benta..."[7]

A gravidade do problema consiste justamente nessa presunção, porque, assim iludidas, descuram na diligência para conhecer-lhe a natureza e suas exigências; para conhecer, como acima foi dito, a sua lei interior; para conhecer, afinal, o que é a *consciência reta*.

---

7. "Presunção e água benta, cada qual toma a que quer".

Isto, de resto, depreende-se da sua maneira de conduzir-se na vida, pois, em geral, essas jovens não primam pelo amor ao trabalho, ao estudo, à ordem e à sobriedade. Vivem sem programa, aspirando apenas deleites e satisfazer caprichos. Têm horror à ideia de despender esforços, de submeter-se a uma disciplina, a qualquer espécie de privação. Não têm convicções, não lutam com o seu temperamento nem modificam os seus apetites. Não abrem ao seu pensamento amplos horizontes, nem cuidam de superpor às imagens vulgares que povoam sua imaginação, outras imagens, — as que a visão do sobrenatural sugere às almas voltadas para a contemplação da Suprema Beleza.

Delas se pode dizer que não são boas nem más, nem cultas nem de todo ignorantes, nem resolutas nem hesitantes, nem ousadas nem tímidas; para tudo resumir numa expressão vulgar: "não são peixe nem carne". Pode-se dizer somente que vivem estranhas à preocupação fundamental do cristão: o seu destino eterno.

Vivem assim, não porque não tenham fé definida. Da maior parte pode-se dizer que se consideram católicas.

Já tivemos ocasião de ver, mesmo aqui, que tantas criticam a severidade da Igreja ao julgar a moda, as danças, os costumes frívolos e dissolutos da sociedade moderna alegando que a despeito de seguirem essas modas, amarem essas danças e adaptarem os mesmos costumes reprovados, não deixam de cumprir os seus deveres religiosos.

Simplesmente o que elas não dizem, talvez por ignorância do que é a religião, é que os atos de piedade que praticam são ou incoerentes ou superficiais; são sobretudo frutos da superstição, do hábito ou do medo.

Vivem tantas jovens, como foi dito, insensatamente, porque a consciência, para elas, ou é uma simples palavra ou apenas uma intuição do sentido das coisas um pouco mais desenvolvida do que a que têm as crianças e os animais; porque, no fim das contas, não sabem o que é a consciência.

E como não sabem, uma vez postas diante de uma situação qualquer, a resolução que devem tomar depende da impressão que os fatos lhes causem, de um conjunto de circunstâncias meramente ocasionais.

Dirão sim ou não, conforme lhes palpitar no momento o coração. E o dirão, está bem visto, não porque possuam um determinado conceito do bem e do mal; não porque assim lhes imponham um ideal que tenham abraçado ou dos princípios que lhe incutiam sua fé e sua família, porém porque no momento lhes convém mais a decisão que tomarem.

Esse critério, apesar de preferido, é o menos consciencioso que se possa imaginar, pois a consciência reta é necessariamente esclarecida quanto aos verdadeiros fundamentos do bem e do mal, de maneira que antes mesmo de realizarmos nossas ações já estamos aptos a julgar, não segundo intuições pessoais, ordinariamente falíveis, porém segundo uma regra universal e infalível, se elas são ou não, conformes com a lei moral; se elas são ou não, conformes, digamos de uma vez por todas, com a lei de Deus.

Porque a consciência reta nada mais é do que uma percepção interior da nossa fidelidade na execução que damos à regra fundamental das ações humanas: Os Mandamentos da Lei de Deus.

A consciência deve nos advertir se os aplicamos ou não, como devemos, pois dela se serve Deus para manifestar sua vontade em relação à nossa vida e às coisas que nos rodeiam.

Deste modo, não há consciência reta senão a que é iluminada pela fé — a consciência cristã — que o é porque toma o Cristo como regra e fundamento, Aquele único de quem se pode dizer que é Caminho, Verdade e Vida.

Da consciência que não segue essa diretriz pode-se dizer que é inconsciência, sobretudo tratando-se de quem se confessa cristão. A jovem, portanto, em conclusão, assegure-se primeiro de que é o Cristo quem move a sua vida, para ter o direito de confiar tranquilamente em sua consciência.

A Provocação Consciente

O comentário à culpabilidade feminina no pecado de impureza masculina, tratando-se de jovens de família, devia se limitar aos casos anteriormente previstos, de provocação inconsciente ou pelo menos não deliberada.

De tal modo, porém, têm avançado no sentido de impudicícia os costumes modernos, que se aí nos detivéssemos deixaríamos à margem um bom número de jovens, mesmo de boa condição social.

Queremos falar daquelas que, por mera vaidade, se comprazem em despertar com os seus atrativos o interesse das pessoas de sexo diferente.

Não nos referimos, é claro, à influência que possam produzir os nobres requisitos da sua personalidade: o brilho da sua inteligência, a sagacidade dos seus dons de observação, os primores da sua sensibilidade artística, da sua educação, do seu caráter ou da sua cultura.

Não nos referimos a um certo desejo de agradar que a jovem possa pôr em ação utilizando sua graça, sua elegância e até sua beleza física, uma vez que se conduza com prudência e pureza de intenção, pois seria exagero supor que fica mal às jovens, e mesmo às senhoras, um pouco de coquetismo, na medida do necessário para corrigir certas lacunas ou alguns desvios do seu parecer.

Com efeito, um pouco de tinta sobre uma tez macilenta, o necessário corante em lábios exangues, um arranjo de cabelos para disfarçar a expressão de uma fisionomia insípida e outros cuidados deste gênero são não só admissíveis como até recomendáveis, pois uma pessoa de trato, que frequenta a sociedade, tem o dever de tornar a sua presença amável aos demais.

Referimo-nos, sim, àquelas senhoras e senhoritas que ultrapassam, neste particular, os limites do recomendável e até do permissível; às que não somente desejam se fazer admiradas, porém ainda, ou principalmente, apetecidas.

Desgraçadamente, a essas, não basta o serem insinuantes.

Desejam ser também provocantes. Sua glória está em atear as chamas da concupiscência masculina. Gostam de ver os homens, por efeito da sua sedução, ardendo como piras ambulantes ainda que não pretendam extinguir lhes as chamas devoradoras.

De várias indústrias se servem para assim os vencer. Uma das artimanhas a que mais frequentemente recorrem para este fim consiste na paquera. E isso, porque a aproximação que ele permite, as conversas levianas que sugere, os lugares suspeitos que frequenta e de diversões impróprias a que dá lugar — mesmo certos contatos e certas intimidades que sua moral relaxada sanciona — tudo no flerte, concorre para interessar os homens que acedem a esse passatempo tão deprimente.

As danças, as praias, os desportos, as anedotas picantes etc., são outros tantos expedientes ao alcance daquelas jovens tresloucadas para provocar nos homens a febre dos desejos em que serão estupidamente consumidos, pois, como dissemos, não está no seu propósito ceder à malícia que despertou.

Do próprio corpo, porém, é que elas tiram, para este fim indigno, o maior partido.

Por este motivo, o trata com desvelo e mesmo com excepcional requinte que, aliás, pode ir do afago à crueldade, como ocorre com certos processos empregados para o seu embelezamento.

Por este motivo ainda, entendem a moda como uma arte pérfida de mostrar e ocultar ao mesmo tempo intimidades da sua plástica de maneira a provocar a curiosidade e a imaginação masculinas.

Infelizmente não é raro verem-se moças de família vestidas tão inconvenientemente que se o fato não fosse vulgar, autorizaria a suspeita de tratar-se de uma pecadora pública.

De resto, pelo vestir, não é hoje possível distinguir — uma jovem de família de uma reles prostituta. Daí o poder dizer-se que, neste particular, vão perdendo as mulheres a noção da decência, ou melhor, o sentido da sua dignidade exterior.

Observando tal conduta, isto é, orientando-se no sentido de se tornar um centro de interesse masculino pela excitação da sua sensualidade, a jovem deve saber que promove o desrespeito de si mesma, da sua família e da sociedade e compromete a sua salvação eterna.

Promove o desrespeito de si mesma:

a) — porque faz caso omisso do pudor que é "o respeito físico de si própria";

b) — porque perde o direito de ser tratada com distinção, visto que em sua maneira de ser exterior permite a confusão com aquelas desgraçadas que são tidas, não como pessoas humanas, porém como vil mercadoria;

c) — porque não pode esperar dos homens a quem perturba outro conceito senão o de que é mero joguete da paixão sensual;

d) — porque não se sabendo ao certo se sua atitude leviana resulta da fraqueza de caráter ou já de um começo de decomposição moral, o mundo se inclina a aceitar a pior hipótese a seu respeito;

e) — porque na provocação mais cedo ou mais tarde ficará descoberto o jogo do seu orgulho, do seu egoísmo ou da sua insinceridade, o que incitará os próprios viciosos, por despeito, a cooperar na ruína da sua reputação;

f) — porque entretida com o seu papel de atrair os homens por vaidade, capricho tolo ou distração frívola, pode não perceber, como tem acontecido a tantas outras, resvalar para o abismo de faltas que não tinha em mente cometer;

g) — porque solidariza o seu destino eterno com o de criaturas com quem repugnaria aceitar uma ligação mesmo temporária.

Desrespeita a sua família, sobretudo se procede de lar cristão:

a) — porque, com o seu procedimento, dá a entender que tem em pouca ou nenhuma conta a dignidade dos autores dos seus dias;

b) — porque os expõe à censura do público, sempre inclinado a responsabilizar os pais, diga se, tantas vezes com razão, pelos desatinos da sua prole;

c) — porque demonstra desprezo pelos princípios que norteiam a conduta dos progenitores e sobre os quais está fundado o seu lar;

d) — porque superpondo o seu critério ao dos pais, nega-lhes aquela obediência a que têm direito conferido pela própria lei de Deus;

e) — porque supõe nos pais uma incapacidade mental e moral para as dirigir; suposição verdadeiramente injuriosa para os que lhes deram o ser;

f) — porque falta deste modo, escandalosamente, aos seus deveres de piedade filial.

Perverte a sociedade:

a) — porque dá o mau exemplo;

b) — porque estimulando a tendência da imitação que existe no espírito humano, contribuirá para que os mais fracos cedam à tentação de proceder do mesmo modo;

c) — porque induz o próximo ao pecado;

d) — porque se converte em pedra de escândalo em seu meio; e

e) — porque autoriza, com o seu comportamento, o escândalo dos demais.

Compromete a sua salvação eterna, porque:

a) — põe de parte sua vida espiritual;

b) — olvida o seu destino;

c) — infringe os Mandamentos da Lei de Deus, especialmente o 4° por falta de submissão aos pais, o 5° pelo mau exemplo, o 6° pela imodéstia no vestir e no divertir-se;

d) — perde a vida da graça;

e) — incorre em pecado de impureza, que é dos mais graves;

f) — torna-se solidária no pecado de impureza de todos aqueles em que houver despertado a concupiscência.

INCOMPREENSÃO E REBELDIA

A Barreira da Família

Quando a jovem se decide a viver a vida como ela entende, encontra diante de si um obstáculo que lhe parece tirânico: a oposição dos seus progenitores.

Essa oposição se lhe afigura profundamente injusta, porque sob a aparência de solicitude pelo seu bem-estar o que realmente existe, a seu juízo, é uma imposição de conceitos sobre a vida, provavelmente verdadeiros ao tempo da juventude dos pais, porém vazios já do seu conteúdo, antiquados e decrépitos.

E assim pensa porque está certa de que tudo se transformou à volta deles, pois, incontestavelmente, são já diferentes os costumes que preponderam na sociedade, são outras as modas, as necessidades, as aspirações, a mentalidade; outras, enfim, as realidades sociais — realidades que seus pobres progenitores, coitados, por sua idade e pelos hábitos adquiridos em uma vida já passada e pelo natural apego a ideias já feitas e atitudes demasiado inveteradas, são incapazes de apreender...

Daí o acreditar que é devido à inadequação das ideias paternas aos tempos modernos, que suas normas lhe chocam a sensibilidade e se lhe afiguram estranhas ao sentido novo dos problemas humanos de que presume ser dotada.

Do exposto se conclui que a barreira que a família opõe às desenvolturas de uma jovem que pretende agir unicamente por si mesma tem como fundamento, na sua maneira de ver, o serem antiquadas as ideias que aí lhe procuram incutir. E como prova de que o são, apresenta a falta de consonância dessas ideias com a sua maneira interior de sentir e conceber os problemas próprios e os da vida em geral.

Examinemos de ânimo desprevenido esses argumentos.

As *ideias paternas* são consideradas antiquadas porque, segundo pensam as jovens, não acompanharam as transformações do meio social.

Há aqui um equívoco a examinar, consistindo na confusão entre o fundo e a forma das realidades sociais.

Convém esclarecer que, em substância, essas realidades permanecem inalteráveis; em suas manifestações exteriores é que se operam modificações.

O honesto, o justo, o bom, o verdadeiro são sempre idênticos a si mesmos em qualquer época e em qualquer latitude, e onde quer que seja, obrigatórios na sua observância.

Não há uma maneira moderna de ser honrado, justiceiro, bondoso e verídico, porque não houve uma passada nem haverá uma futura. O que há é que, embora permanecendo os mesmos, surgem novas modalidades de aplicação daqueles princípios às realidades presentes da vida social.

De todo modo, porém, essas realidades não modificam a condição do homem que se conserva sempre a mesma. Tanto assim que no correr dos séculos, depois de implantado o Cristianismo, quase nada foi possível alterar na sua atitude fundamental perante a vida. São sempre os mesmos os seus deveres para consigo próprio, para com a sua família e sua profissão, para com o Estado e o Criador.

O "novo", portanto, isto é, as transformações operadas nos costumes e na sociedade, merecendo embora ser considerado, não tem, no caso, uma importância capital.

Além disto, sua aceitação, na medida do legítimo, não exige uma reforma radical da mentalidade paterna sadia e judiciosas, porque as insensatas resistências, neste particular, não se devem atribuir ao fato da novidade, porém a vícios na formação da referida mentalidade.

Esses vícios, de resto, se patenteiam em outras atitudes intolerantes da autoridade familiar.

Não há, portanto, incapacidade essencial de assimilação do que é novo, por parte dos pais, mesmo idosos, se têm sabido exercer com isenção de ânimo a sua autoridade, se se têm conduzido com a sensatez indispensável de modo a não confundir os interesses do filho com o próprio egoísmo.

Aliás, pareceria ridículo insistir em demonstrar teoricamente a possibilidade de adaptação da mentalidade paterna às pretensões da juventude em matéria de liberdade quando os tempos atuais se caracterizam precisamente por um abandono das prerrogativas de mando por parte dos progenitores, originado seja da ilusão de que assim conquistam melhor a confiança do filho, seja do esquecimento da sua missão educadora, seja afinal por qual motivo for.

A jovem se convence facilmente da falta de adequação das ideias paternas ao seu tempo, entre outros motivos porque, como dissemos, as normas de conduta traçadas no lar não correspondem à íntima compreensão que tem da realidade do seu ser e dos problemas da vida. E isto porque sente em si mesma uma necessidade de expansão que pede mais amplos horizontes, e descobre formas novas de existência que a disciplina do meio familiar a impede de realizar.

De onde lhe vem, no entanto, essa intrépida confiança nas suas vozes secretas, digamos, nas próprias intuições a seu respeito e a respeito da vida? Será acaso, verdade, que possui o conhecimento das coisas essenciais naquele limite que lhe permita controlar as sugestões nascidas das percepções obscuras do seu ser interior? Onde está a demonstração de que não é ela, sem o saber, vítima das mais deploráveis ilusões, dado que são tantas as más influências que podem se exercer imperiosamente sobre as almas desprevenidas como costumam ser as da juventude?

A presunção do saber, por exemplo, acompanha muito frequentemente a ignorância até de noções mais elementares; a volubilidade do querer suscita por vezes atitudes terrivelmente obstinadas; o amor dos prazeres sugere pseudas teorias sociais de grande envergadura; o orgulho se disfarça não muito raramente sob as aparências da modéstia, e se tem visto que no fundo de tantas atitudes independentes, está a sugestão de amizades interesseiras ou pérfidas.

Sem excluir, pois, aquelas hipóteses em que os pais, por seu rigorismo e por seus preconceitos reprováveis, chegam a obstar, nos filhos, a livre expansão de sua personalidade e mesmo a realização necessária de um destino, não se pode, em todo caso, admitir como regra que a barreira que a família opõe à juventude sequiosa de liberdade tenha perdido suas razões de existir. E isto, por dois motivos:

Em primeiro lugar porque sem ela o que se implantaria no lar e na sociedade seria a anarquia — daí a política antifamiliar de todos os credos interessados na queda das instituições públicas as mais veneráveis.

Em segundo lugar porque só as naturezas débeis não conseguem resistir aos entraves de uma educação doméstica pouco avisada.

O Drama Filial

Não é preciso ir muito longe para encontrar a razão principal das desinteligências recíprocas entre pais e filhos, especialmente tratando-se de filhas.

Vejamos.

Antigamente tais desinteligências se manifestavam num campo restrito: o da mudança de estado.

Eram o casamento ou o convento que davam causa ao conflito.

Os demais, pouco valia: contrariedade por causa do estudo

de piano, ou de uma festa ou um passeio proibido, de um capricho ou outro não realizado, e outras ainda de igual importância.

Hoje o campo das divergências se apresenta mais vasto. Ocorre que a jovem, como o jovem, também cria casos no seio da família por motivo de uma profissão que deseja abraçar; de uma doutrina social e até política que a tenha deslumbrado; de uma tendência intelectual ou artística que se lhe afigure irresistível; de uma preocupação excessiva com a sua personalidade, etc.

Seria, no entanto, excessivo admitir que tais motivos se verificam frequentemente ou preponderam no que se convencionou chamar o "drama filial", isto é, no antagonismo entre a ânsia de liberdade da jovem e o que lhe parece o rigor da autoridade familiar.

Tantas jovens que temos conhecido nessa deplorável situação de espírito, não têm sabido explicar seu infortúnio senão socorrendo-se de uma fraseologia ingénua e campanuda.

Uma, por exemplo, o atribuía ao fato de ter nascido, ao que supunha, "com ideias amplas"; outra via a causa dos seus descontentamentos na sua "tendência para o requinte", e outra, ainda, no seu feitio ambicioso.

E, contudo, nem a que se considerava vítima das "ideias amplas", nem a "requintada", nem tão pouco a "ambiciosa" faziam a devida justiça aos seus progenitores e a si mesmas, pois aqueles eram pessoas normais e até judiciosas e elas, afinal de contas, não passavam de mocinhas pacíficas, quase vulgares, não possuindo a mais, entre as outras do seu tempo e do seu meio, senão uma pontinha de preterição...

Segundo o que temos observado, o que está em maior proporção na base dos desentendimentos entre a jovem moderna e seus progenitores é uma exigência maior do chamado "egoísmo gozador", ou seja, a reivindicação do direito de desfrutar a sua juventude.

Se bem atentarmos no que ela diz a este propósito, não será difícil encontrar consonância com aquelas palavras atribuídas aos ímpios no "Livro da Sabedoria": "gozemos dos bens presentes... enquanto somos jovens" (Sb 2, 6).

Vê-se, com efeito, que a jovem quer dar toda corda ao espírito de aventura que há dentro de si, para fazer por si mesma a experiência de todos os prazeres com que o mundo a enfeitiça.

Por isto, até chegar ao casamento, pretende a jovem "fazer a sua vida".

Infelizmente há mesmo senhoras já constituídas em idade e até mães de família que pensam de igual maneira; que, inclusive, lastimam as moças que tomam estado muito cedo, porque, dizem, não gozaram a sua juventude.

Em proporção talvez igual, está um amor mal entendido da liberdade insuflado pelo espírito de presunção que se revela em expressões como as que citamos, ainda há pouco, denunciadoras de um demasiado apreço de si mesmas.

Com efeito, a moça julgando que possui "ideias amplas", uma tendência requintada e ambições muito alterosas, inclina-se a interpretar como uma restrição injusta aos direitos da sua personalidade a direção da casa paterna no sentido de fazer prevalecer em sua vida o bom senso, a simplicidade e a modéstia.

Esse mal entendido amor da liberdade leva-a também a insurgir-se contra a vigilância exercida pelos seus progenitores sobre as suas amizades, suas leituras, os costumes que adquire, o meio que frequenta, as ideias que vai adaptando, o emprego do seu tempo, a maneira como se diverte; sobre os seus atos afinal. E leva-a, consequentemente, a negar-se, de modo ostensivo ou dissimulado, a lhes obedecer, não aderindo jamais, naquilo em que diverge, ao parecer ou ao modelo de conduta proposto pelos pais.

Neste estado de espírito, evita informá-los sobre as ocorrências da sua vida e submeter à sua apreciação os problemas que a preocupam porque não quer receber os seus conselhos acreditando que é de si mesma que depende a verdadeira solução do seu caso.

Dessa atitude resultam consequências de ordem prática as mais deploráveis.

Digamos, em primeiro lugar que ela fomenta a separação entre filhos e pais.

Com efeito, a esquivança da jovem em lhes dar a conhecer ora este ora aquele aspecto da sua vida, pouco a pouco se generaliza. E um dia, sem que haja pressentido o progresso dessa política mesquinha, verifica que toda comunicação com eles cessou no seu mundo interior; que vivem sob o mesmo teto numa completa ignorância de si mesmos.

É inevitável que daí por diante se multipliquem os incidentes entre a jovem e os pais, resultantes da mútua incompreensão.

Estes, comumente, ao perceberem as reservas da filha para com eles ressentem-se dessa atitude no seu afeto ou no seu amor próprio. E então ou resignam-se com amargura a essa injustiça ou reagem, com maior ou menor veemência, fazendo a filha sentir a rigor da sua autoridade.

Ela, no entanto, salvo honrosas exceções, cada vez mais influenciada pelos motivos causadores da separação, obstina-se em suas prevenções, atribuindo à solicitude paterna um zelo excessivo, não vendo em suas admoestações senão uma violência à sua liberdade ou uma intolerável teimosia em continuar a tratá-la como criança.

Da separação à animosidade, a distância a franquear nem sempre é grande. Muitas jovens, naquelas condições para com os pais, não hesitam em chegar a esse extremo.

Por felicidade, o fato nem sempre é exteriormente perceptível e, por maior felicidade ainda, tem um caráter temporário, pois somente em raros casos consegue ultrapassar os limites da crise da adolescência e atingir a idade em que a jovem adquire realmente o poder da reflexão.

Na correspondência íntima, em confidências às amigas ou em diários secretos é que se chega, uma vez por outra, a tomar conhecimento do seu estado de alma de plena rebeldia contra a família, com cujos gostos a jovem se declara incompatível, em cujas indicações descobre sempre o propósito de contrariá-la, em cujos atos vê um abuso da força e uma espoliação aos direitos de viver "sua vida" e realizar o seu próprio destino.

Dos seus pais dizia uma jovem assim perturbada, que intimamente não mais os considerava como tais; de sua mãe queixava-se outra, que se fizera sua madrasta. Numa página de inquéritos sobre a rebelião dos adolescentes, entre outras igualmente muito significativas, cita-se esta expressão de uma jovem de 15 anos: "A minha casa, por vezes, sufoca-me. Meu pai e minha mãe aborrecem-me com os seus conselhos constantes, conselhos, que por sua vez, uma jovem de 17 anos, no seu caso, classificava de 'odiosos'".

Para desafogo dos corações paternos deve-se acentuar quanto a essa rebeldia, que se trata, na maioria dos casos, de uma crise da idade que tem cinco modalidades conhecidas: "a revolta contra a família, contra a escola, contra a religião, contra a sociedade e contra a tradição", e bem assim que se tratando de uma crise, é sempre de esperar que o fenómeno seja passageiro, dependendo a duração, no entanto, de cada caso particular.

Como observam os entendidos, essa rebeldia não supõe, de modo necessário, a ausência do amor filial e deve mesmo terminar por uma reconciliação generosa.

Para o governo das jovens deve-se advertir no entanto que, em muitos casos, as injustas prevenções contra os pais, invés de se atenuarem foram ganhando incremento com o correr dos tempos até tomarem uma feição ostensiva de hostilidade e desacato à autoridade paterna e materna; até tomarem mesmo a forma e a expressão do mais ignominioso dos sentimentos da juventude: a ingratidão filial.

Originalidade e Personalidade

No fundo da atitude de rebeldia assumida pela jovem contra a direção da sua família encontra-se muito frequentemente uma excessiva e mórbida pretensão de independência que se pode classificar ora de mania de originalidade ora de mania de personalidade.

A jovem, assim influenciada, acredita não ser como são em geral as moças do seu meio e tem horror a parecer vulgar.

Convencida de que possui "ideias amplas", de que é requintada nos seus gostos e singular nas suas maneiras e aspirações, está segura de que em sua alma existem possibilidades imensas que se podem converter em realidades, quiçá nunca vistas nem imaginadas.

Esta convicção lhe nasce de uma preocupação demasiada com a sua pessoa, que a leva a analisar-se frequentemente, não no sentido de indagar até que ponto é fiel ao cumprimento do seu dever ou eleva sua vida ao ideal de vida cristã que lhe compete realizar, porém no sentido de fazer novas e aliciantes descobertas nos reservatórios da sua suposta inesgotável personalidade.

Dessas buscas incessantes traz sempre elementos para confirmar a alta ideia que forma de si mesma, da riqueza e da originalidade da sua realidade interior. Gosta, por isso, sente-se mesmo no direito de ser admirada. E naturalmente inclina-se a crer na sinceridade de toda palavra lisonjeira porque se lhe afigura demonstrativa da compreensão do mistério do seu mundo espiritual.

Desconfiando de que os progenitores não sejam capazes de assimilar os problemas de sua vida e interpretando sua orientação pedagógica, mais ou menos contrária ao juízo que forma de si própria, como um fruto dessa incompreensão e, portanto, como um esforço dirigido, embora inconscientemente, no sentido de mutilar sua pessoa moral destruindo precisamente os elementos que acredita que melhor a caracterizam, de um modo geral reage passivamente, envolvendo em segredo, tanto quanto possível, seus gostos, suas inclinações, sua maneira de julgar os fatos, os afetos que lhe nascem n'alma, os projetos que concebe para o dia de amanhã, enfim, a maior parte da sua vida.

Acontece, porém, que o esforço de contenção, continuamente exercido, num certo dia se torna opressivo. Então a jovem desabafa em confidências às amigas ou em escritos de natureza literária — poesias, contos, mesmo romances – ou simples páginas de diários secretos.

Certa jovem revelou bem o que tem de angustioso um tal estado de alma nas seguintes linhas de um desses diários: "por vezes é necessário escrever o que se pensa senão arrebenta-se".

Não queremos falar das que, para fugir a conselhos e reprimendas da família, entregam-se a um revoltante jogo de duplicidade. Perante os pais mostram-se submissas às suas normas e perfeitamente conformes com os princípios que lhes procuram inculcar.

Longe da sua vista, porém, os desautoram com a sua maneira de se pronunciar sobre os fatos e as pessoas e, principalmente, com a sua conduta de todo oposta àquelas normas e àqueles princípios.

Permita-nos agora, dizer que o que verdadeiramente oprime e mesmo impede a manifestação da originalidade é a preocupação em demonstrá-la, marcando calculadamente uma atitude para obter um determinado efeito.

O empenho em parecer que não é como as outras, em fazer sentir a vastidão das suas ideias e a superioridade do seu gosto, da sua inteligência ou da sua maneira de ser, esteriliza nas almas a fonte da espontaneidade e conduz necessariamente a um artificialismo ora ridículo, ora pomposo, em todo o caso, detestável.

"A originalidade verdadeira, dizem os mestres, não é senão *o natural em um grau eminente*"; quer dizer, a maior aptidão para conceber, sentir e exprimir o que os demais concebem, sentem e exprimem. É, pois, em última análise, um rendimento maior dos dons que toda criatura racional recebeu do seu Criador. E rendimento maior pelo cultivo dos dons guardando absoluta fidelidade à sua linha natural de expansão.

Quem, pois, a possui deve saber como conservá-la a fim de que não aconteça que, enganado pelas falsas aparências, venha pôr fim a perdê-la com os expedientes de que lança mão para cultivar uma ou outra puramente imaginária. Deve saber adiantamos, que ainda a melhor maneira de agir em tal circunstância consiste em preocupar-se apenas em ser sincero consigo mesmo e permanecer, na disposição de espírito de só estimar aquelas qualidades com as quais pode ser útil a si e aos demais, promovendo a própria perfeição moral ou cooperando, desinteressadamente, no bem estar dos seus semelhantes.

A demasiada preocupação com a própria personalidade, como já foi dito, tem ainda o grave inconveniente de levar a jovem a formar uma imagem de si mesma, diferente da real.

Obstinada em crer como verdadeiro, o que afinal é mero produto da sua fantasia, e não sentindo concordância de opinião por parte dos pais a seu respeito, passa a sentir-se infeliz. Então expande por vezes o seu infortúnio, como já dissemos, em confidências a amigas, em produções literárias, em diários particulares.

É fácil de imaginar as decepções e os perigos a que a jovem, com o espírito trabalhado deste modo, expõe sua saúde e seu destino.

Recorrendo às confidências, em geral, abre-se com outra jovem como ela, imbuída também dos mesmos preconceitos em relação aos seus pais, que, portanto, por sua situação mental, só pode aconselhar desacertadamente.

As produções literárias originadas de semelhantes crises comumente se caracterizam pela estultícia e pelo mau gosto.

Certa jovem de 17 anos em torno de quem os pais, tendo descoberto dois cadernos de poemas em que vazara toda a infelicidade do seu destino filial, depois de atirá-los ao fogo estabeleceram rigorosa vigilância para que não voltasse a maltratar de novo as Musas, queixa-se do fato em lamurienta carta escrita a uma revista de modas na qual se declara "bastante desgraçada".

Ainda bem que lhe responderam sensatamente aconselhando-a a ocupar-se com alguma coisa útil: um curso de desenho, de línguas estrangeiras, de costura e, sobretudo, "dar menos ouvido aos romances".

Os diários serão de todos os meios de expansão os mais inócuos, se permanecem realmente ocultos.

Não se devem considerar em todo o caso o verdadeiro remédio a aplicar a tais sofrimentos, porque agem como paliativos sem curar a enfermidade que os originam.

Há, digamos por fim, uma consequência ainda mais grave dessa desordem afetiva e mental que se manifesta quando ela assume o sombrio caráter de ideia fixa e de mania de perseguição: o apelo precipitado a um casamento salvador, isto é, um casamento para libertar-se de uma tirania existente, apenas na superexcitada imaginação de quem o concebe.

Uma jovem, tomada de tal obsessão, respondia nestes termos a uma amiga que lhe demonstrava os perigos da sua resolução de casar com o primeiro candidato que lhe apareceu, sendo ainda tão nova e podendo portanto esperar melhor partido: "Não se trata de amor, mas tudo é melhor do que a minha situação presente".

Quer isto dizer: toda uma existência sacrificada a um capricho nascido de um banal equívoco, porque frequente na atitude dos filhos para com os pais, porém que tomou as proporções de um drama pela força imaginativa da jovem, pela sua vaidade duramente mortificada ou pela incapacidade de sacrificar-se ao seu dever filial.

Mania de originalidade e mania de personalidade, quanto mal tens feito, uma e outra, à juventude! Para ambas, no entanto, o remédio a indicar é sempre o mesmo: a observância generosa e, se necessário heroica, do 4° Mandamento da Lei de Deus: "Honrarás pai e mãe".

NOS DOMÍNIOS DO QUARTO MANDAMENTO

Honrarás Pai e Mãe

Em uma série de capítulos, viemos apreciando o fenômeno da rebeldia ou, quando menos, da crise de obediência modernamente verificada na atitude dos filhos para com os pais.

Dando ao fato o devido relevo temos nos limitado a examinar apenas a culpa do filho nessa manifestação de desarmonia familiar.

Isto não significa, apressamo-nos a dizer, que ocultamos a parte que corresponde aos pais, em tantos casos, nesse desentendimento com a sua prole.

Ao contrário disto, não nos recusamos admitir mesmo que não é raro sejam os pais os maiores responsáveis pela reação ativa ou passiva do filho à sua autoridade, em virtude da incúria com que procederam não lhes ensinando, no tempo próprio, o seu dever, e da negligência em cumprir, sem fraqueza nem demasiada austeridade, outras tantas obrigações do seu estado para com ele: vigiá-lo, corrigi-lo, guiá-lo e, sobretudo, exortá-lo com o seu bom exemplo de ordem, de laboriosidade, de decoro, de exatidão, de bondade pronta, ativa e inteligente.

Acontece, porém, que ocupando-nos da juventude sob o exclusivo ponto de vista da solução que com os próprios recursos ela deve dar aos seus problemas, não nos parece a propósito encarar aqui sob o outro aspecto, isto é, o da culpa dos pais, a questão dos filhos recalcitrantes.

Nós nos dirigimos, nestas páginas, mais propriamente aos filhos de boa vontade. Queremos dizer, aos que sendo rebeldes sem o saber ou sem o querer, verdadeiramente desejam encontrar quem os ajude a descobrir o caminho da perfeita reconciliação. E como este caminho não pode ser senão o da generosa observância dos deveres que lhes são próprios na orgânica familiar, é, portanto, no sentido da compenetração mais íntima com esses deveres, que orientamos nossa cooperação destinada aos que se acham animados de propósitos salutares.

Com este objetivo estudaremos sob o ponto de vista do 4° Mandamento da Lei de Deus, em sua aplicação prática, a conduta do filho, seguindo a ordem com que são apresentadas as obrigações fundamentais do respectivo mandamento: o *respeito*, o *amor*, a *obediência* e a *assistência*.

Quanto ao *respeito* procuraremos dar uma ideia do que é na sua natureza, nos seus motivos, nas suas principais exigências e na sua característica fundamental.

Quanto ao *amor*, procuraremos defini-lo; analisaremos seus elementos naturais e sobrenaturais, suas características e o que o degrada.

Quanto à *obediência*, procuraremos igualmente defini-la, examinaremos as objeções fundadas no temor de possíveis lesões aos direitos da consciência, da inteligência e da vontade do jovem, acaso resultantes da sua observância, demonstrando, afinal, sua compatibilidade com a livre expansão dos requisitos da pessoa humana.

Quanto à *assistência*, depois de defini-la e de demonstrarmos *como*, *a quem*, *a que* e *a quanto obriga*, indicaremos os motivos de ordem natural e sobrenatural de que tira a sua razão de ser como expressão de amor humano o mais sublime e de caridade sobrenatural, entre todas, meritória.

Antes, porém de entrarmos propriamente na matéria parece-nos bem, juntar a seguir, algumas considerações de ordem geral com o fim de pôr em relevo a importância do preceito: "honrarás pai e mãe". E com esse objetivo lembramos que os Mandamentos foram divididos em dois grupos pelo próprio Deus, que como é sabido, os inscreveu no Monte Sinai em tábuas diferentes.

Ao segundo grupo pertencem o que aqui estudamos, e os demais até o 12°, que tratam dos deveres do homem para consigo e para com o próximo; que encerram, portanto, toda a teoria da ciência social. Eles formam a verdadeira súmula dos direitos e deveres do homem porque dão verdadeira satisfação ao nosso justo desejo de ser benquisto, protegem de modo eficaz nossa vida, nossa saúde, nossas posses, nossa dignidade e todos os bens espirituais — nossos e dos demais.

Um povo que os observasse a rigor, seria um povo sem problemas, constituindo um mundo amável, um mundo de benevolência e caridade; um mundo em que a autoridade seria obedecida sem sacrifício da liberdade, em que as instituições e costumes exaltariam as altas prerrogativas da personalidade humana; um mundo em que os bens materiais em vez de serem, como hoje, objeto de cobiça pessoal estariam principalmente ao serviço da comunidade;

um mundo, afinal, em que o homem com as suas exigências naturais plenamente satisfeitas e a sociedade perfeitamente ordenada ao seu fim supremo, atingiriam àquela "linhagem de prosperidade, de pujança, de paz e concórdia" de que falava Pio X, que seria, segundo ainda suas palavras, a realização cabal da "ideia da civilização cristã".

Adiantemos ainda que todo o problema da família está igualmente contido nesses sete mandamentos; sua constituição, sua conservação, sua preservação, seus direitos, seus deveres, sua natureza, sua finalidade, seu governo, seus fundamentos, sua unidade, sua santidade etc.

E nem era possível que não estivesse, pois, a pedra angular da nossa civilização é a família e não o homem isolado.

Em todo caso é do indivíduo que se parte para toda construção social. Daí porque está implícito ou explícito em todos os métodos educativos da criança, prepará-la para a vida social. A bem dizer, todos os predicados que lhe procuram inculcar como a instrução, a urbanidade, a temperança, o senso da responsabilidade, da prudência, da previsão, o espírito de reflexão, de decisão etc., tudo tem em vista sua existência numa sociedade concreta, ambientá-lo no convívio dos seus semelhantes.

Assim se compreende por que toda doutrina religiosa, política ou social que surge, lança as suas vistas cobiçosas ou suas raízes mais ou menos traiçoeiras sobre a escola.

Quando ela não é suficientemente sincera, ou dúvida do seu

poder sobre o Estado ou sobre a família, contenta-se em exigir a "escola neutra" que forma os homens sem princípios, na esperança de poder depois mais facilmente conquistá-los.

Como é portanto do jovem que depende a continuação e o progresso da sociedade — das suas ideias, da sua moralidade, da sua santidade, em uma palavra da sua capacidade de influir sobre o meio em que vive — sobre ele se exerce todo trabalho de persuasão, de real construção do tipo de humanidade que deve prevalecer em cada tempo.

Eis certamente a razão pela qual o 4° Mandamento — "Honrarás pai e mãe" — encabeça os do mesmo grupo: O bom filho tem de ser a pedra de toque pela qual se verificarão sempre as virtudes do irmão, do cidadão, do pai, do marido, do patrão, do chefe, de toda autoridade constituída sobre a terra.

O Respeito Filial

O resultado filial é praticamente uma combinação de dois sentimentos: a veneração e o temor.

Tal combinação, ao contrário do que quer fazer crer certo naturalismo pedagógico, não é arbitrária nem resulta de nenhuma sorte de convenção imposta por um determinado regime doméstico ou um mero concurso de circunstâncias sociais.

Ao invés disso, se baseia sobre fundamentos perenes porque está claramente expressa nos termos categóricos do preceito: "Honrarás pai e mãe"; na severa punição imposta ao filho que não o observa: "Maldito seja o que não honra pai e mãe"[8]; e na recompensa prometida a quem o cumpre devidamente: o prêmio da felicidade[9].

A estes argumentos cabe juntar um outro certamente ainda mais decisivo: o fato de encarnarem os pais, na sociedade familiar, a majestade divina, o que fez dizer a Tertuliano que "se há impiedade em desonrar a Deus, há também uma espécie de sacrilégio em desonrar pai e mãe", pois é de Deus, "*de quem tira o nome toda paternidade no céu e na terra*".

Assim entendido, o respeito impõe aos filhos, consequentemente, uma série de obrigações das quais passamos a enumerar as de maior representação: a) *portar-se diante dos pais como diante de superiores*; b) *guardar reserva quanto às suas possíveis fraquezas e mesmo suportá-las sem irritação*; c) *não se envergonhar da sua condição acaso modesta*; d) *sofrer com paciência suas contradições e possíveis impertinências*; e) *prezar sua reputação.*

Examinemos detidamente cada uma dessas obrigações:

Portar-se diante dos pais como diante de superiores — A razão dessa atitude é óbvia, pois tal é a condição dos pais. São, de fato, superiores, dado que foram estabelecidos por Deus, como autoridade suprema, na sociedade familiar, para governá-la em seu nome. Têm por isto direito a demonstrações de deferência, por parte dos filhos.

---

8. Dt. 27, 16

9. Ef. 6, 2-3

Postas as coisas neste pé, há quem objete que as relações entre filhos e pais, assim conduzidas, tornam-se demasiado cerimoniosas impedindo a comunicação das almas, acreditando estes que a melhor maneira de ganhar a confiança do filho consiste em baixar o pai ao seu nível e estabelecer com ele o espírito de camaradagem.

Os que assim pensam, é evidente, deixam-se impressionar pela lembrança das severidades antigamente observadas neste particular, sem levarem em linha de conta que assim acontecia porque a nota da gravidade era de rigor, a esse tempo, em quase todos os atos da vida.

Hoje, porém que deste ponto de vista é tão considerável a mudança — e em certos casos mesmo excessiva — nada impede que o respeito filial apresente outras características, isto é, que se associe à simplicidade de trato e mesmo à jovialidade.

E para isto não necessitam os pais de recorrer ao expediente equívoco da camaradagem, com o qual o que realmente acontece, as mais das vezes, é perderem quanto aos filhos a autoridade sem ganhar o menor terreno no seu mundo interior.

Na própria natureza da sua afeição e principalmente acima dela, nos motivos de ordem sobrenatural, encontrarão eles o calor suficiente para fundir a ternura do coração filial e os meios verdadeiramente eficazes para conquistar as almas cujos destinos lhes foram confiados.

Guardar reserva quanto às suas possíveis fraquezas e mesmo supor-

tá-las sem irritação. Pode perfeitamente acontecer que os pais paguem tributo a pequenas e até grandes imperfeições, que resultam decepcionantes e mesmo dolorosas para a sensibilidade filial.

Aqui, uma inexatidão em satisfazer seus compromissos, que se tornou pública; ali, uma ignorância insciente de si mesma que faz as delícias dos colecionadores de anedota, e assim por diante.

Que fazer em tais circunstâncias?

Ajudá-los, quanto possível o mais discreta e compassivamente, a se libertarem das suas falhas e mesmo dos seus vícios, e não permitir que por esse motivo, como por nenhum outro, sejam a nossa vista humilhados; em suma, estender também a eles às suas deficiências ou mesmo misérias morais — a ação da caridade, alentados na promessa que não falha: "Deus vos recompensará por terdes suportado os defeitos de vossos pais"[10].

Não se envergonhar da sua condição acaso modesta. É frequente que os filhos, dotados de melhor instrução ou que adquiriram mais alta situação social e de fortuna do que os pais, se sintam vexados, diante de estranhos, com a sua companhia e tenham a tentação de se subtrair, por este motivo, à sua autoridade.

Têm-se visto até que alguns que encontram, nessa inferioridade ocasional, razão bastante para menoscabá-los.

Uns e outros — uns certamente de modo mais grave do que os outros — pecam igualmente contra o preceito de honrar pai e mãe.

---

10. Eclo. 3, 16.

E pecam porque ter mais posição, mais fortuna e até mesmo mais ilustração, sem dúvida nenhuma, é possuir bens de préstimo incontestável.

Contudo, nada significariam esses bens da escala dos valores instituídos pelo mesmo Deus ao criar entre os homens as diversas categorias às quais confiou na terra o mandato da sua representação, se não se submetessem à disposição da eterna Sabedoria que confere ao pai em relação ao filho, o mais alto poder na ordem propriamente temporal.

Sendo assim, não poderá se justificar a pretensão do filho de faltar ao dever de veneração para com aqueles a quem deve a vida, somente porque adquiriu sobre eles ascendência, como já dissemos, em uma ordem inferior àquela da qual receberam os pais a sua autoridade.

Posto que assim é, o que se espera de um filho de boa consciência é que na modéstia da condição do pai ou da mãe só encontre motivos para cercá-los de maior carinho, para os impor sempre mais a consideração do seu meio e para fazer recair sobre eles o prestígio e as homenagens de que é porventura alvo na sociedade.

Sofrer com paciência suas contradições e possíveis impertinências. É possível que tantas discordâncias de pontos de vista entre pais e filhos se originem da posição de cada um no tempo. Queremos dizer, da diferença de idades.

Em capítulo anterior já debatemos a questão. E não vemos que se faça necessário repetir o que, neste particular, já foi dito.

Admitindo, no entanto, que esse fator seja mais importante do que realmente é em tal contenda, mesmo assim não se justificaria o procedimento do filho que, para furtar-se ao constrangimento de se ver contrariado pelos pais, lhes ocultasse os seus propósitos e os seus projetos. E não se justificaria porque ele prescindiria assim, sem o direito de o fazer e com prejuízo para si próprio, do conselho e da experiência daqueles a quem Deus confiou, com as graças próprias do estado, a missão de o edificar, de o vigiar, de o corrigir e de cuidar-lhe do corpo e do seu destino eterno.

De resto seria um desrespeito desnecessário uma vez que não está obrigado a submeter-se a contradição quando, sem a menor sombra de dúvida, não passa de impertinência, de capricho, daquilo que nos pais se pode considerar um desvio no exercício da sua autoridade.

Em tais casos, *que se não devem confundir com os que os filhos, sem a devida reflexão nem consulta a pessoas autorizadas, imprudentemente assim consideram*, a simples submissão exterior, ou seja, ouvir sua opinião com delicadeza, modéstia e boa intenção, satisfaz a exigência moral e mesmo prática do preceito: "honrai vosso pai por palavra, ações e toda sorte de paciência"[11]

Esta atitude, de resto, na maioria dos casos, não será difícil de assumir, mesmo tratando-se de incontestáveis impertinências, se os filhos tiverem o hábito de meditar sobre as responsabilidades dos pais perante a Justiça Eterna, à qual terão de prestar contas

11 Eclo 3, 9.

pelo bom ou mau comportamento da sua prole, e bem assim refletir sobre as dificuldades de uma existência possivelmente afanosa, e o esgotamento das energias que anos sucessivos de trabalho, de lutas e preocupações de toda sorte devem produzir num organismo igualmente minado pela moléstia e pela idade.

Prezar a sua reputação. É frequente ouvirem-se das jovens expressões como estas: “Ninguém tem nada com a minha vida”, “não me interessa o que possam dizer de mim”.

Tais expressões, cabe dizer, são errôneas e reprováveis. E o são porque implicam numa desautorização da opinião alheia, que não é legítima, e num desprezo pela mesma opinião, que não é sincero.

Com efeito, não é legítima aquela desautorização porque, vivendo como toda gente em sociedade, a jovem não é, como ninguém o é em tal sentido, independente e sim um elemento solidário do seu meio.

Quer isto dizer que está obrigada, como os demais, a ajustar sua conduta pública às ideias consagradas, aos costumes geralmente seguidos, à maneira de ver, de julgar e de sentir dos conterrâneos e contemporâneos.

Sem dúvida cessa uma tal obrigação quando a opinião pública, a olhos vistos, se degrada e se transvia, como por exemplo, quando sanciona a imoralidade e a impiedade.

Tem, no entanto, todo cabimento quando o que ela exige de nós, em discordância, embora, com o nosso ponto de vista pessoal, é o respeito por fórmulas e usanças geralmente admitidas que, não sendo de todo falsas e absurdas, constituem, por assim dizer, a trama da ordem social, porque da sua aceitação pela maioria das pessoas resulta a convivência pacífica de todas as vontades em uma dada sociedade como se se tratasse da sua lei oral.

Está claro, portanto, que a opinião pública tem direito de reclamar, no próprio interesse da conservação da sociedade, quando os atos de A ou de B contrariam essa lei viva, quando contradizem suas tradições de honra e pundonor.

Portanto não está a jovem com a boa doutrina quando quer se subtrair ao seu julgamento, quando pretende se coloca acima da opinião alheia.

De resto, por mais que pretenda se colocar nessa atitude, e por maior alarde que faça do pouco caso pelo que digam de si, a regra é que seja sempre sensível, mesmo sensibilíssima, a todo juízo desfavorável sobre a sua pessoa.

Não é por outro motivo que reza o ditado: "Em casa de enforcado, não se fala de corda". Uma jovem leviana jamais perdoa uma referência à sua leviandade. E é comum que seja o juiz mais severo, tratando-se de outras jovens que incorrem na culpa que lhe é habitual.

"Fala sempre o roto, do esfarrapado"...

Não é, portanto, sincero o desdém pela opinião pública. Não passa, quase sempre de pura afetação pessoal, de um simples requinte de bazófia a ostentação do falso e inadmissível desinteresse pela opinião alheia, máxima quando a própria consciência, mesmo pouco delicada, tem apenas escassos motivos para se tranquilizar.

As expressões, digamos antes, as expansões que aqui comentamos serão sobretudo errôneas, mesmo culposas e portanto intoleráveis, tratando-se de jovens que ainda vivem sob o domínio paterno, principalmente se com elas pretendem, como é de regra, justificar um procedimento que os pais não aprovariam.

E por que isso?

Porque, como já foi dito, a jovem é elemento componente do todo social. E além disto, não é individualmente que entra na composição desse todo, porém, como parte de um grupo social: a família.

Tal é o ensino da Igreja. "Se queremos falar com propriedade", escreveu Leão XIII (*Rerum Novarum*), referindo-se aos filhos, "não por si mesmos, porém pela sociedade doméstica em que nasceram, é que passam a tomar parte na sociedade civil".

E o que é a família?

Não é somente uma sociedade de pessoas físicas, digamos, de pessoas que se acham unidas pelos laços do sangue.

Há outros laços que concorrem de igual modo, para a sua unidade: a recíproca afeição, a fé, as ideias, as virtudes, em suma, as qualidades morais que os ascendentes transmitem aos descendentes como sendo a característica espiritual do seu grupo familiar.

Consequentemente existe no que respeita à jovem, um dever de solidariedade para com os seus, não somente de sangue, porém ainda, de ideias, que lhe cumpre afirmar em sua própria conduta se quer manter-se na linha de fidelidade à sua família.

Se estes argumentos parecerem à jovem, demasiado sutis, fora do alcance da sua compreensão, neste caso considere que a família, ainda segundo o ensino da Igreja, é uma sociedade regida pelo poder paterno, ao qual em consciência, não somente, deve submissão e obediência como honrá-la quanto puder. E por si mesma concluirá que não tem o direito de tomar os ares de independência que pretende, principalmente de independência sobre a opinião da sua família e, muito menos ainda, sobre a opinião dos seus pais.

Tudo quanto lhe ocorrer em contrário do que aqui fica dito, não passará de sugestão da sua soberba ou do seu egoísmo, chame a isto necessidade de ser sincera consigo mesma ou desconformidade com o critério da autoridade posta por Deus, no seio da sua família, para dirigi-la e governá-la.

Em resumo, o respeito filial supõe a aceitação formal da autoridade dos pais para ensinar, punir e dirigir; mantém o coração do filho sempre em guarda contra a indiferença, a presunção, a soberba, a injustiça e a ingratidão. Ele constitui uma das notas características do amor filial, pois, em circunstância alguma está o filho dispensado de observá-lo nem mesmo quando os pais, de modo evidente e mesmo escandaloso, se mostram indignos do seu mandato.

Amor Filial

"Honrar pai e mãe", como dissemos, significa também amar um e outro.

Esse amor, tendo como os demais sua sede no coração, como ele igualmente se revela no exterior por meio de atos adequados que são: o trato afetuoso, o apego ao lar, a solicitude pelo bem estar dos progenitores manifestada nos cuidados com a sua saúde, no empenho de criar em torno de si um ambiente de alegria, na diligência para evitar-lhes qualquer contrariedade, no esforço para se adaptar, quanto possível, aos seus gostos e preferências, na engenhosidade em suscitar ensejos para lhes prodigalizar delicadezas, provas de carinho e de dedicação — de uma dedicação que não hesite ainda mesmo diante dos maiores sacrifícios.

Este sucinto enunciado basta para fazer compreender que não é um sentimento fácil de cultivar, o amor filial. É evidente que a simples "inclinação da carne e do coração" não chega para formar o seu verdadeiro clima. E por isto se tem dito, com sobeja razão, que a tendência natural para amar os nossos progenitores deve ser ajudada com um esforço de persuasão e de educação; com o que podemos chamar um aprendizado do amor.

As normas desse aprendizado nada têm de específicas. Todo amor se aprende do mesmo modo, a começar pelo amor de Deus, isto é, amando.

Tal é o ensino, jamais superado, dos místicos como Santa Gertrudes e Santa Teresa d'Ávila, modelos da mais alta perfeição do amor sobrenatural.

No caso filial, como foi visto, o amor se cultiva pelo exercício de uma bondade ativa, alimentada pelo espírito de generosidade e de sacrifício que nunca se satisfaz com o que realiza e não perde a oportunidade, mesmo as excogita, de demonstrar sua solicitude.

É compreensível que o espírito de gratidão contribua muito eficazmente para a edificação desse amor.

Com efeito, pensar que o dom da vida corporal a eles devemos, abaixo de Deus (e a Escritura sagrada quer que não esqueçamos jamais as dores de nossa mãe para nos dar à luz)[12]; pensar que o lar, o conforto, a família, o nome honrado que nos deram os recebemos sem mérito próprio, de mão beijada; pensar no que têm feito pelo nosso bem, no que têm sofrido por nossa causa, nos cuidados com que sobrecarregamos a sua vida, no lugar de preferência que ocupamos em seu coração — tudo isso, diariamente meditado, faria nossa alma transbordar para com eles de ternura, do desejo mais veemente de os servir e amar acima de nós próprios.

Duas considerações, no entanto, são ainda aqui muito a propósito: a de que os pais carregam, verdadeiramente, o peso da vida dos filhos, quando mais não seja pela responsabilidade, assumida perante Deus, quanto ao seu destino eterno; e a de que em nossa mãe possuímos um tesouro, ao qual nenhum outro no mundo se pode comparar, sendo a linguagem humana insuficiente para ex-

12. Eclo 7, 29.

primir sua riqueza, sua doçura, sua bondade confiante, sua graça protetora de verdadeiro nome tutelar.

Pensem os filhos que pai e mãe têm tamanha significação no arranjo, nas facilidades, no prestígio, no amparo da sua vida que só a sua morte revela, já irremediavelmente, no vácuo imenso que se forma em torno de nós, o que valiam para o nosso coração e o que faziam pelo nosso bem.

O apelo feito apenas aos motivos de ordem sensível para mover-nos o coração ao amor filial, digamos agora, não é suficiente, porque esse amor, como já vimos, nem sempre é fácil de contentar visto como não se limita às palavras carinhosas, aos sorrisos enternecidos, a uma sensibilidade à flor da pele que se extravasa em emoções fáceis e estéreis.

Muitas vezes pede, mesmo no plano natural, razões mais poderosas para se sobrepor à moleza do nosso temperamento, à inconstância dos nossos propósitos, à fragilidade da nossa vontade e aos assaltos do nosso egoísmo.

A prática do respeito filial virá então a propósito, com todas as obrigações que dele decorrem, para operar a necessária reação, pois despertando o "temor salutar" que nos preserva contra a claudicação no cumprimento do dever, estabelece-nos de novo, no espírito de abnegação.

Contudo, nem ainda assim se pode assegurar o triunfo definitivo do amor filial sobre a inconstância do humano coração, mormente quando esse amor tenha de tomar um caráter mais ou menos heroico, como quando, por exemplo, os pais são explosivos de temperamento, grosseiros no trato, egoístas, autoritários, viciados, enfermos ou criminosos.

Para amá-los, então, se necessita de uma afeição sublime, que signifique oblação, apostolado, caridade no mais alto grau de perfeição.

Nestas conjecturas impõe-se considerar as razões de ordem sobrenatural que servem de fundamento ao amor filial a fim de que não percamos de vista que a lei cristã obriga a amar mesmo os inimigos, porque, em qualquer circunstância, é a Deus, antes de tudo, que se dirige nas criaturas humanas a homenagem do nosso afeto; depois à sua alma para que obtenha a salvação; e, somente por último, à sua pessoa, com os motivos conhecidos da ternura humana.

Tanto não era fácil o amor filial, que a Divina Providência, ainda que nada dispusesse, pelo menos de maneira formal, quanto do amor dos pais aos filhos, não obstante fez do amor dos filhos aos pais objeto de um preceito da sua lei positiva, da natureza dos que *obrigam sempre, em toda parte e em todos os tempos* com expressa determinação do castigo no caso de ser violado, isto é, a maldição.

Assim é que do seu corpo, isto é do corpo do filho mau, diz o livro dos Provérbios, merece tornar-se pasto das bestas selvagens[13].

E a mesma Divina Providência, ainda com o fim de levar-

---

13. Pr 30, 17.

-nos ao cumprimento do nobre dever de amar nossos pais, dispôs também, em sua misericórdia, nos fosse conferido alto e merecido prêmio.

Deste modo, enquanto para as demais prescrições dos seus Mandamentos se limita a fazer promessas gerais, em relação ao quarto, isto é, "honrar pai e mãe", faz promessas especiais, que são promessas de felicidade.

Está entendido que o amor assim praticado não se tornaria um amor interesseiro, porque a recompensa não seria o motivo da sua atividade afetiva, porém, como foi dito, mais um estímulo que se faz necessário quando ocorrem especiais circunstâncias que tornam a observância do preceito extremamente difícil, pondo o filho sob o perigo de trair o seu dever de coração para com os que, por disposição do Criador, lhe deram o ser.

O amor filial, portanto, em sua natureza, como os demais, é sentimento e ação, e em seu conteúdo é gratidão, respeito e piedade.

É um amor afetivo, operante, paciente, abnegado, sobrenatural. É um amor, sobre o qual se diz no livro da Sabedoria, que Deus jamais o olvidará.

Contra ele, conspiram a inadvertência, o desleixo, a irreflexão; uma demasiada preocupação com a nossa pessoa, com os nossos problemas, com o nosso bem-estar presente; uma habitual indiferença pela vida e mesmo pela pessoa, dos que encarnam a majestade divina no seio da família.

Obediência Filial

Os pais, como é sabido, são autoridades postas por Deus no lar, para fazer suas vezes junto dos filhos, na sua educação e no seu governo.

Quem diz educar e governar, diz agir sobre a sensibilidade e a vontade para aperfeiçoá-las e afeiçoá-las à regra do dever.

Esse esforço, é intuitivo, nem sempre se realiza sem constrangimento e mesmo sem violência à liberdade dos que são educados ou governados.

Isto ocorre porque, na infância, a vida de razão é pouco vigorosa; na adolescência, como é sabido, ainda não atinge a sua plenitude; e mesmo na juventude, faltar-nos-ão dados essenciais como os da experiência, para orientar nossa conduta, para prever — em todas as circunstâncias, com acerto — as consequências dos nossos atos.

Além disto, nem sempre de todo liberto dos influxos da mentalidade infantil — período em que vivemos imersos em um mundo de emoções, fixados na hora presente, em um mundo concebido à nossa imagem e semelhança — e prejudicado na visão das coisas pelas inevitáveis contradições que encontra ao penetrar no limiar da sua idade, sem falar ainda das influências nocivas que pode sofrer na fase da transição como, por exemplo, o efeito das más companhias, o jovem tende a se colocar numa situação de espírito de indocilidade contra a qual frequentemente se mostre ineficaz todo esforço de persuasão.

Devendo por este motivo a tarefa educativa, em tantos anos, recorrer a expedientes mais enérgicos como os da punição que a natureza entregue a si mesma só pode repelir. Tudo isso tornará ainda mais complicado, para o filho, o problema da obediência.

Para render-se, pois, com o devido espírito de docilidade, caberá então o apelo a uma razão poderosa e indiscutível: às extensas prerrogativas do poder paterno, em virtude do qual pode exigir sua submissão sob pena de pecado, e mesmo de pecado mortal.

Daí a razão pela qual o temor entra na composição da tonalidade específica do amor filial. E também o requerer a lei cristã que a obediência filial seja *pronta*, isto é, imediata, *total*, isto é, sem a menor reserva, e *generosa*, isto é, alegre, com plena adesão do coração.

Posto neste pé o problema da obediência filial, poder-se-ia talvez objetar: não se concederá assim aos pais um poder incontrastável sobre os filhos e não se negará deste modo, aos filhos, o direito de ter uma consciência própria, uma inteligência para o seu uso e uma vontade para se dirigir, afinal, o direito de possuir uma personalidade?

Examinemos, uma a uma, essas objeções.

A *consciência*. — Depois de termos aceito que é “a única regra moral de nossas ações”, não se compreenderia que fôssemos fazer aqui tábula rasa da consciência só porque esteja em campo a filial.

Nem havia motivo para isso visto como é incontestável que,

em se tratando de *consciência reta,* seja de pai, seja de filho, por sua substancial inteireza, não podem, em circunstância alguma, contradizer uma à outra.

Assim portanto não há hipótese de pai e filho, de boa consciência, se desentenderem.

Quando as suas consciências se chocam é porque uma, pelo menos, está viciada no seu exercício. E se é a do pai, como algumas vezes acontece, não obstante o preceito, o filho está desobrigado do dever de obedecer-lhe.

Assim, se o pai manda fazer qualquer coisa contra a lei de Deus (professar a impiedade, etc.) ou procura, sem razão fundada, impedi-lo de mudar de estado (casar, seguir a vida religiosa ou sacerdotal, etc.) ou ainda o quer compelir a agir contra a sua dignidade induzindo-o a negócios ilícitos, práticas viciosas, etc., em tais circunstâncias o filho não somente não pode como não deve obedecer.

A lei natural e a lei divina o abrigam a agir segundo a sua consciência, sem quebra, apenas, como já dissemos, do dever de respeito ao pai, mesmo insensato.

A *inteligência.* — Já foi dito que "a obediência é o sacrifício mais custoso ao orgulho humano". E não há forma de orgulho mais intratável do que o orgulho intelectual, que não é próprio somente, como a tantos pode parecer, de quem, por ofício, vocação ou lazer, cultiva o mundo das ciências e das letras.

Há, de fato, muita gente (e quanta!) mesmo sem cultura e

até sem prosápia de saber, que paga tributo a essa modalidade da soberba, pois o orgulho intelectual, no que respeita à obediência, se manifesta, não por uma sábia exposição sobre a doutrina da autoridade, porém na condição de acatar somente o que parece bem ao nosso modo de entender, ao nosso julgamento íntimo das pessoas e circunstâncias. E nesta situação se colocam, como já vimos, tantas jovens estúrdias ou irrefletidas, tocadas da mania de originalidade, sequiosas de desfrutar sua juventude, demasiado confiantes no seu senso prático das coisas e no seu conhecimento da vida, para quem o dever de obedecer naquilo com que sua maneira de ver não está conforme, ou que sua inteligência não admite, afigura-se uma restrição abusiva à sua liberdade de pensar, senão mesmo uma abolição do direito de pensar.

Há aqui pelo menos dois equívocos a elucidar.

Em primeiro lugar, esclareçamos que obedecer supõe aderir ao critério da autoridade legítima, independentemente da aprovação, tática ou formal, ao seu ponto de vista.

A obediência só é mesmo meritória quando custa o sacrifício de convicções as mais enraizadas.

Em segundo lugar, observemos que a obediência não obriga a renunciar de todo à convicção assim sacrificada, a qual, tem tempo oportuno e com a devida prudência tem o direito de ser reivindicada, se acaso se apeia sobre razões incontestáveis, pois em hipótese alguma poderá o pai impor ao filho uma opinião evidentemente errônea, qualquer que seja o seu objeto, ou exigir-lhe o abandono de ideias que não sejam de uma falsidade indiscutível.

A *vontade*. — A obediência filial, ainda que necessite do ajustamento da conduta do filho às determinações da autoridade paterna, não o reduz a um abúlico nem impede que a sua vontade, como as suas demais faculdades, se exercite e se desenvolvam até à plenitude.

Não esqueçamos que o que debilita e enferma a vontade, como disse alguém que conhecia os segredos da alma humana, são os atos de covardia. Os meios sentimentos, as meias resoluções, conduzem, mais cedo ou mais tarde, à indecisão, ao desencorajamento, às lamúrias, às tristezas, às irritações e apostasias.

Ao contrário disto, pensar num dever a cumprir, custe o que custar, infunde nas almas uma energia imensa, sobretudo nas almas juvenis que estão naturalmente abertas às sugestões da força e do heroísmo.

De resto, para inclinar a vontade a ceder, os filhos, entre outros motivos, considerarão o seguinte: que o dever de obediência para com os pais segue a regra geral de todos os deveres entre pessoas diferentes, isto é, supõe a reciprocidade.

Com efeito, a deveres precisos de uma parte, correspondem deveres precisos de outra parte. Assim ao dever de obediência do filho corresponde o do pai de respeitar-lhe a vocação, de respeitá-lo em tudo aquilo, que sendo honesto no seu fim, ele põe o melhor do seu gosto e o seu desejo mais veemente de realização.

Cabe, por último, não esquecer que o poder do pai para impor sua vontade ao filho, está na razão direta das virtudes que ornam a sua vida, isto é, obriga tanto mais quanto o pai poder ser considerado um modelo como chefe de família.

Ou melhor dito: a força moral do pai para exercer autoridade sobre a vontade do filho corresponde à exatidão com que cumpre para com ele o dever de o edificar com o bom exemplo, sem que, entretanto, só porque é infiel a esse dever, cesse o direito de ser obedecido, quando manda o justo e o honesto.

Deste modo apreciada, a obediência filial é perfeitamente compatível com a justa aspiração do filho de formar uma personalidade autónoma, consciente dos seus atos e tanto quanto cabe nas possibilidades humanas, autora do seu destino. Ela se integra na disposição geral da Providência que se reservou o governo do mundo, embora indiretamente, para assegurar à sociedade *mais ordem*, mais paz e *mais estabilidade*, e a cada homem em particular, com a disciplina dos seus costumes e da sua imaginação, além daqueles bens, a *saúde* e a *dignidade moral*.

Para concluir nos permitirá, a fim de evitar confusões possíveis na interpretação dos casos em que a desobediência aos pais seja cabível, assentar as seguintes regras práticas:

Não tem razão de ser a desobediência:

a) quando com ela se busca simplesmente uma satisfação pessoal, mesmo legítima;

b) quando não nos causa tristeza e dor o dissentir dos nossos pais;

c) quando não se apoia sobre uma convicção amadurecida

pela reflexão, confirmada pelo ensino da fé e as iluminações da vida da graça e robustecida pelo conselho de quem possui suficiente autoridade para dar, em tal circunstância, o seu parecer;

d) quando o que desobedece não se sente interiormente disposto a voltar à obediência, uma vez cessados os motivos da sua desobediência ou convencido de que não tem razão;

e) quando não está inteiramente afastada a hipótese de que a desobediência procede de uma consciência duvidosa ou uma consciência errônea a que poderiam dar lugar uma ignorância, de motivos, um interesse contrariado, uma vaidade ferida, um orgulho espicaçado ou uma presunção mal contida.

A Assistência Filial

Na enumeração dos deveres que supõe o preceito "honrarás pai e mãe" são sempre indicados, por último, os de assisti-los em suas necessidades.

E porque assim?

Certamente porque, mais do que nenhum outro, ele exige do filho, de modo permanente, um espírito de perfeita abnegação, ora examinando o encadeamento lógico que existe entre os vários deveres filiais de que nos ocupamos, verifica-se que seguem uma ordem ascendente no que respeita ao apelo à nossa energia moral.

Assim o respeito, que é veneração e temor, supõe o *amor*

sem o qual não existiria a abnegação. O amor que é sentimento e ação supõe o respeito, sem o qual não haveria suficiente sujeição à autoridade paterna. A *obediência*, por sua vez, que é uma ação voluntária livre, porém principalmente de caráter negativo, supõe o amor, sem o qual a submissão seria humilhante, e supõe o respeito, sem o qual a submissão seria tíbia. A *assistência* filial que é a ação voluntária livre de caráter positivo necessita do respeito que recorda o preceito, do amor que o afeiçoa ao nosso coração e da *obediência* que dá testemunho da nossa fidelidade.

Em resumo: o respeito dá, com o temor, a tônica do amor; o *amor* aperfeiçoa com a ternura e fortalece com o temor o ato de obedecer; a *obediência* amparada sobre o temor, a ternura e a submissão pronta, alegre e inteira ao preceito, leva a obediente à assistência a qual recebe assim a energia suprema indispensável, tantas vezes, às suas determinações.

E tal acontece, por um lado, porque ela visa em nossos pais, tantas vezes, um estado de carência, mais ou menos irremediável, atual ou em via de formação, segundo as circunstâncias, que pede o esforço de uma constante diligência do coração, de todas as forças vivas da sensibilidade, da inteligência e da generosidade filiais como se depreende da simples discriminação que fazemos a seguir das situações características de tal precariedade.

Carência física. — As forças decaem devido ao trabalho quotidiano, às lutas empreendidas, aos sofrimentos suportados etc., ou chegaram já ao limite extremo das resistências determinando a cessação das atividades que eram o ganha-pão da família ou uma fonte de benemerência social.

A saúde, com o esforço do trabalho ou em virtude de circunstâncias várias, ou está a caminho da ruína ou já de todo comprometida.

A velhice desgasta as energias orgânicas com o processo mesmo da decadência fisiológica.

Carência intelectual. — A tensão do trabalho, a aspereza das pugnas travadas, as enfermidades, os desenganos, o depauperamento causado pela idade, etc., alterando os humores, perturbam as faculdades da compreensão e do julgamento, induzem às exigências excessivas, às atitudes caprichosas e mesmo ao hábito da injustiça; às chamadas "impertinências da idade".

Carência espiritual. — Os erros ou incúria da formação religiosa, a ação contínua de preconceitos a que se pagou tributo durante longos anos, o velho hábito de sacrificar aos interesses da vida transitória os da vida eterna, preterindo assim, precisamente aquele bem do qual disse o Cristo que é "o único necessário"[14] — o de santificação e da salvação das almas — fazem com que, ao aproximarmo-nos dos limites extremos da jornada, enfraquecidos pelo trabalho, pela moléstia ou pela velhice, despojados de quase senão de todas as ilusões, não acertemos, sem amoroso e discreto auxílio, a conformar nossos pensamentos com o ensino de uma fé positiva com a qual possamos nos libertar da penosa sensação da derrota, senão dos secretos pavores que infundem a certeza de um próximo aniquilamento.

Assim acontece ainda, isto é, a *assistência* necessita do am-

---

14 Lc 10, 42.

paro das demais virtudes, porque é chamada a agir precisamente quando no jovem é maior a relutância da sua natureza contra a regra do dever.

Na realidade, a companhia de pessoas idosas significa uma coação insuportável para o que quer desfrutar a sua juventude; o tom habitual de autoridade do pai molesta no filho o seu amor imoderado à liberdade; os conselhos não solicitados, em que são pródigos aqueles, ferem a estes na demasiada confiança que depositam em si próprios; as advertências de perigo, as indicações para a conduta, a crítica aos seus excessos, a censura às suas negligências, mesmo a correção dos seus erros, frequentemente correm o risco de mau acolhimento porque pedem àqueles a quem se dirige, um sacrifício dos mais custosos: o do amor próprio sobre o qual está edificada mais de metade da vida humana.

Assim pois a prática da virtude da assistência filial, como se depreende do que já foi dito, exige do jovem um conjunto de qualidades invulgares, mesmo heroicas, como por exemplo:

Qualidades de autodomínio: concordar com opiniões que parecem desacertadas; aceitar admoestações julgadas incabíveis, conter os arrebatamentos próprios da idade; possuir o dom do tato, da exatidão, da modéstia, da paciência, da ordem e da submissão etc.

Qualidades de renúncia: dar preferência ao que interessa, agrada ou convém aos pais; sujeitar ao seu critério, tanto quanto possível, nossos gostos, nossa conduta, nosso prazer, nossas inclinações; secundar seus desejos, suas palavras, seus pensamentos, suas intenções etc.

Qualidades de dedicação: adivinhar seus pensamentos; meditar sobre as suas responsabilidades; considerá-los com espírito de compreensão aberto às dificuldades, aos trabalhos e sofrimentos de sua vida; não ter medo dos sacrifícios a fazer; dar largas à ternura, estimular a imaginação a fim de que não pare sua atividade inventiva em matéria de atenções e delicadezas a lhes prodigalizar e de maneiras e modos de agradá-los e distrair.

Isto posto, torna-se evidente que a virtude da assistência não poderá sempre vencer a leviandade, a vaidade, a indiferença, o amor próprio, a ingratidão, o orgulho — todas as forças do egoísmo do filho — sem se retemperar em outras fontes de energia acima daquelas que se originam da natureza humana.

Queremos com isto dizer que tantas vezes a virtude da assistência terá de se transformar em virtude da piedade, passando os deveres que lhe correspondem a situarem-se no quadro das virtudes sobrenaturais. Digamos na própria economia dos deveres de religião — deveres que, como é sabido, não cessam com a emancipação resultante da idade, com adoção de um novo estado de vida, com a superioridade que podem conferir a posição, a ciência ou o dinheiro; que não cessam, sequer, com o desaparecimento dos pais do cenário do mundo, porque fica o dever de sufragar sua memória e satisfazer suas últimas vontades; deveres que não obrigam menos, tratando-se de criança ou de adulto, de solteiro ou de casado, de pobre ou de rico, de ignorante ou culto, e até de leigos ou religiosos, porque estes são dispensados dos seus votos e mesmo obrigados a retomar o estado secular se se tornam, de modo incontestável, o único arrimo de pais necessitados.

Simplesmente tais obrigações são proporcionadas às condições particulares de cada um. E é compreensível que tenha aqui perfeita aplicação a palavra do Evangelho: "Será exigido muito do que terá muito recebido. Ser-lhe-á pedido tanto mais quanto mais houver recebido"[15]; isto é, quanto mais houver a solicitude paterna e materna, mais haverá *assistência* em termos explícitos aos cuidados dos filhos.

Não devia ser necessário acrescentar que o dever da assistência está fundado, em termos explícitos sobre a palavra de Deus. Assim, no livro de Eclesiásticos (3, 14) está escrito: "Tende cuidado com a velhice do vosso pai". E é declarado "vil" e "maldito" o filho que faltar a esse dever. De tal filho disse S. Paulo "que é pior do que um ímpio".

Aquele, porém, observante da lei divina, no que respeita aos seus deveres para com os que lhe deram o ser, faz o Eclesiásticos esta consoladora promessa: "O que honra pai e mãe é como o homem que vai ajuntando tesouros. O que honrar pai e mãe achará alegria nos próprios filhos e, um dia, será atendida a sua oração"[16].

---

15. Lc 12, 48.

16. Eclo 3, 5-6.

A MODA DO TRAJE

A Moda em Si Mesma

Várias vezes nos temos referido aqui à moda. Parece-nos oportuno, agora, tratar do assunto particularmente no que diz respeito ao traje.

Deixaremos de parte qualquer apreciação sobre o seu aspecto atual no sentido de elucidar se ela é mais imoral do que tantas outras já havidas e já olvidadas.

Como Pio XII na sua alocução feita às jovens da "Cruzada da Pureza", consideramos este debate uma "questão ociosa".

Visto que o que sobretudo interessa é esclarecer se a moda pode ou não ser seguida por uma jovem que preza o seu título de cristã, por aí iniciaremos a nossa investigação.

Felizmente as circunstâncias nos favorecem, proporcionando-nos começar por uma afirmação categórica e precisa neste particular. Assim é que, apoiados nas palavras do Papa Pio XII, proferidas no citado discurso, consideramo-nos autorizados a assegurar sem possibilidade de contradita, que não há incompatibilidade entre a moda e a fé católica. É de resto o que nos diz o Santo Padre em sua alocução:

"O movimento da moda não contém em si mesmo nada de mal: nasce espontaneamente da sociabilidade humana segundo o impulso que nos leva a pormo-nos em harmonia com os nossos semelhantes e com a prática seguida pelas pessoas no meio das quais vivemos".

Neste caminho, aliás, pode-se ir mais além, pode-se não somente admitir a legitimidade da moda como ainda a dos impulsos da vaidade feminina até um certo limite: o de gostar de brilhar pela elegância.

Tal conclusão nos parece concedido tirar das palavras de um homem pouco contemporizador com essa vaidade — o Pe. Marchal.

Eis o que diz esse grande missionário em seu livro "*La femme com me il faut*"[17]:

"*Qu'une grande dame se réjouisse de ce que le Seigneur l'a comblée de ces dons fragiles que le monde envie en les admirant, je ne m'en étonne point, et surtout je me garderai bien de lui faire un crime de sa felicité*"[18] (Pág. 229).

Fica, portanto, assentado que a moda não é má em si mesma e até que não há inconveniente de maior em um pouco de coquetice feminina.

Podemos assim passar ao exame de outro aspecto da questão da moda: a sua finalidade.

---

17. "A mulher como deveria sê-lo", em português.

18. "Que a dama se regozije de que o Senhor a haja cumulado desses dons frágeis que o mundo inveja, admirando-os, não espanta, e longe de minha ideia lançar-lhe-á conta de crime sua felicidade" (Tradução de Mesquita Pimentel, 1872, p.129).

O Fim da Moda

Qual será o fim da moda?

Por mais estranho que pareça, ainda cabe fazer esta pergunta. Porque não é raro encontrar quem seja incapaz de saber ao certo o que é que a moda pretende.

Isto se dá em virtude dos equívocos que têm surgido aqui e ali, em torno do tema; equívocos sem dúvida resultantes, em grande parte, da confusão que correntemente se faz entre duas coisas distintas embora aparentemente idênticas: o fim da moda e o fim do vestuário.

Na realidade, trata-se, como dissemos, de coisas distintas. Com efeito, o vestuário tem por objeto um problema de higiene e de decoro.

Um problema de higiene, ou seja, preservar a saúde do corpo defendendo-o contra a ação do ar e dos demais agentes exteriores que a podem afetar na sua integridade física.

Um problema de decoro, isto é, premunir-se contra a concupiscência alheia, cobrindo o corpo de tal modo que as relações entre pessoas de sexo diferente possam se manter desinteressadamente, sem ser perturbadas pelas paixões inferiores da nossa natureza, com perfeito equilíbrio da saúde moral.

Enquanto isso, a moda é fundamentalmente uma questão de gosto. Visa mais que tudo agradar. No homem, ela é bem mais sóbria, porque ele é naturalmente menos inclinado a comprazer os demais.

Pela razão contrária, tal sentimento é bastante mais forte na mulher. Há mesmo quem diga que ele lhe é próprio. E não falta quem propale, como certa propagandista parisiense da vaidade feminina, que "a mulher foi criada para a moda".

Uma escritora brasileira oferece um argumento mais razoável para explicar o gosto mais requintado da mulher no vestir dizendo que tudo depende deste fato: ela não escolhe esposo; é escolhida.

Seja como for, parece indiscutível que o homem e a mulher seguem a moda, em primeiro lugar, para se agradarem mutuamente, para tornarem reciprocamente sua convivência mais amável; em segundo lugar, para acentuarem, um e outro, na maneira de se apresentar, uma nota de distinção pessoal.

A Moça e a Moda

Deve-se admitir que na moça a inclinação para agradar não é assim tão genérica, tão destituída de intenção particular.

Tem-se dito, e de modo nenhum arbitrariamente, que nela o instinto de agradar guarda uma relação direta com aquele que a impele para o casamento.

Um episódio de S. Francisco de Sales com a baronesa de Chantal, depois Sta. Joana de Chantal, confirma essa observação. Era então viúva e de uma piedade notável, a Santa, mas a despeito disto se trajava com extrema elegância. Um dia S. Francisco de Sales abruptamente lhe pergunta se tem ainda a intenção de casar-se. Diante da resposta negativa replicou: "Então seria bom arriar a bandeira".

Assim, portanto, de "bandeira" içada, na pitoresca expressão do Sto. Bispo de Genebra, até que a jovem encontre o rapaz que virá a ser o seu companheiro de destino, toda aproximação entre um jovem e uma jovem, ainda que por motivos os mais desinteressados, pode conduzi-las a um caso sentimental.

Isto tem acontecido a tantas, mesmo com surpresa própria, que em tal aproximação deixaram sem vigilância os movimentos do coração.

O que há de lastimável no caso é que neste particular são quase sempre diferentes os pontos de vista entre o jovem e a jovem. Assim, enquanto ela, mesmo sem consciência clara disso, levada por um motivo de honestidade que lhe é peculiar, vê nesse encontro uma possibilidade de casamento, o rapaz, geralmente, não distingue mais do que uma oportunidade nova de se divertir.

Por esse motivo é frequente verem-se mocinhas interpretando agrados e gentilezas de rapazes como demonstração de um interesse matrimonial na verdade inexistente.

Nos deploráveis consultórios das revistas mundanas são mesmo comuns os casos das que relatam suas intimidades com um rapaz, dizendo acreditar que a intenção dele é casar-se, mas acrescentando que a despeito disto, nunca lhe ouviram uma palavra positiva neste sentido.

Uma delas, por exemplo, faz a seguinte confissão:

"O rapaz a quem amo e com quem saio frequentemente faz um ano, nunca me fala no futuro nem de casamento".

E, contudo, acredita que não é de propósito nem por má intenção que se cala neste particular. Por este motivo continua a fazer-lhe a vontade e a esperar a sua declaração de amor.

Uma outra, a quem acontece o mesmo fato, conforma-se com esta explicação do namorado:

"Devemos nos conhecer melhor antes de falar em casamento"'.

Tudo neste caso estaria bem, concordamos, se não fossem as concessões que ela faz ao rapaz, certamente para que se convença de que é boazinha...

Uma terceira leva a insensatez ao ponto de acreditar no amor de um pirata de quem dá esta pouco edificante informação:

"Nós nos amamos, mas ele acha que é muito independente para encontrar no matrimônio uma solução para o nosso caso".

Ainda não param aí os despautérios. Certa jovem escreve a uma dessas revistas dizendo que aquele que conta que será um dia seu marido lhe declara francamente que não lhe tem amor. Contudo não perde a esperança, porque a "sua assiduidade", escreve ela, "aumenta dia a dia, como um verdadeiro apaixonado".

Há de tudo nessas famosas confidências, inclusive a ingenuidade. Uma jovem deste tipo está hesitante diante de uma declaração de humildade do rapaz a quem ama, que lhe diz:

"Tu és demasiado boa para que eu seja digno de ti".

Eis as reflexões que tal declaração lhe sugere: "Sinto-me

perturbada, confesso, pois acredito que um homem honesto e direito nunca é indigno de uma mulher, nem me parece que a bondade deva espantar ninguém".

Como se terá visto, limitámo-nos a referir apenas os casos em que os rapazes ou não falam de casamento ou quando falam é para desanimar a moça. E assim sendo, ora prolongam indefinidamente o prazo para se decidirem sob o pretexto de melhor conhecimento recíproco, ora indicam cinicamente uma solução para os seus amores à margem do matrimônio. Em uns casos declaram francamente não pensarem unir legalmente ao dela o seu destino; em outros se escusam afastando a ideia do casamento por um motivo evidentemente arranjado a propósito para desiludi-la, como o de não se considerar digno do seu amor.

Deixamos de parte, como se viu, os casos, não menos numerosos de promessa insincera de casamento; de promessa para embair a credulidade da jovem.

O Árbitro da Moda

Retomemos, porém, o fio da nossa meada. Depois de admitido que o fim da moda é agradar e que agradar, na mulher, significa instintivamente buscar um marido, procuremos agora elucidar quem deve ser, para ela, o árbitro da moda.

Serão os sacerdotes?

Conta-se de Pio XI que recebendo um dia em audiência bispos franceses, pouco depois de terminada a Grande Guerra, precisamente quando fazia furor em seu país a moda feminina dos cabelos curtos, foi-lhe perguntado pelos prelados que atitude deveriam assumir diante dessa novidade.

O Santo Padre antes de responder indagou se esse uso tornava as mulheres mais bonitas.

"Não, Santidade, antes pelo contrário", redarguiram os bispos.

"Então", replicou Pio XI, "é o caso de deixá-las"...

Estamos certos de que outra não seria a sua resposta se os prelados franceses houvessem respondido que os cabelos curtos aumentavam a graça feminina, pois o que ele terá querido dizer com a sua resposta é que não se considerava competente na matéria.

Com efeito, o Papa, em nome de Cristo, é o guardião dos costumes naquilo em que eles afetam a lei moral. Não desce, porém, ao detalhe de definir o que deve ser conforme ao gosto de cada época.

O que se disse do Santo Padre aplica-se ao sacerdote em geral. Falta-lhe competência especial para determinar o que é elegante.

Serão então os pais os árbitros da moda das jovens?

Também respondemos aqui pela negativa. Seu papel, neste domínio, limita-se a vigiar para impedir os excessos.

A mãe terá no caso uma influência maior: a de formar o bom gosto da filha e auxiliá-la com a sua experiência e os conhecimentos que adquiriu no trato com as fazendas, costureiras e figurinos etc.

Visto, porém, que não é para agradá-la nem ao pai que a filha se veste, o gosto de um e outro não pode ser, para ela, um argumento decisivo.

Na mesma situação encontram-se as demais senhoras e os senhores casados e as jovens não casadas.

Procedendo por eliminação chegamos à conclusão inevitável: o competente para ajuizar da moda da mulher solteira são os rapazes, pois é a eles que, consciente ou inconscientemente, com a moda, procura agradar.

A Moça e o Árbitro da Moda

A conclusão é inevitável, porém não é tranquilizadora para os pais de família. E não o é porque se verifica uma lastimável ausência de senso moral em grande parte da juventude masculina do nosso tempo, e porque não são os rapazes melhor formados espiritualmente e mesmo intelectualmente que dão a nota no mundo elegante.

Basta frequentar a sociedade para constatar quais são os que aí se tornam ídolos do mundo feminino: os menos escrupulosos, os mais superficiais, os mais frívolos e insolentes.

É compreensível que gente assim agrade melhor a moça mais vaidosa, mais suscetível às suas lisonjas, mais atrevida em suas maneiras, que faz pouco caso do pudor e da dignidade do seu estado virginal; a moça que condescende em fazer do seu corpo o atrativo principal da admiração masculina.

Consequentemente as que se apresentam com reserva, com a preocupação da decência e do recato e com o propósito firme de impor a santidade do seu corpo e de sua alma, em geral, não conseguem nas festas senão uma posição medíocre.

Isto ocorre, por um lado, porque não podem agradar suficientemente aos "astros dos salões", aos janotas e galanteadores habituais; por outro lado, porque não podem competir com as jovens que buscam o êxito custe o que custar e que sabem tirar todo o partido que pode oferecer a malícia no vestir, atraindo, ao culto da sua pessoa, adolescentes e jovens espicaçados e inflamados em seus desejos.

Evidentemente a situação é desigual. A jovem cristã, neste particular, não pode nutrir a menor ilusão, pois ela é aquela de quem disse S. Cipriano, que "não deve simplesmente ser virgem, mas conhecida e acreditada como tal".

Ela pode, consequentemente, vestir-se com elegância para agradar como as outras e, como as outras, buscar por esse meio a realização do seu destino matrimonial.

O que não pode é aceitar o critério dos que julgam da moda com o gosto corrompido e das que, para atrair a admiração e a preferência dos jovens, se submetem a todos os seus caprichos, não escrupulizam, são capazes de todas as audácias, de toda insensatez.

Criadores e Exploradores da Moda Feminina

Talvez não viesse muito fora do propósito lembrar aqui que é à fantasia masculina (e dizemos fantasia para não usar de uma expressão muito, chocante para a sensibilidade feminina), que a mulher deve a criação dos seus modelos.

São os homens, portanto, que fazem e impõem a moda no traje da mulher, não constando até agora que os melindres emancipacionistas do belo sexo — hoje é uma temeridade dizer sexo fraco — tenham se apercebido de semelhante servidão.

E que homens são esses, que exercem tamanha soberania sobre a mulher?

O menos que se pode dizer a seu respeito é que nada se sabe que os possa tornar admirados por suas virtudes.

Sabe-se, sim, que estão a serviço de grandes empresas, de uma vasta organização industrial e comercial que explora o tema da vaidade feminina.

Daí as constantes variações de modelos, suas complicações e suas audácias, e a quase ausência absoluta de senso moral das criações nesse domínio.

Nem foi por outro motivo que desapareceram as distinções, na presença exterior, entre a filha de família e as mulheres de má vida.

Todo mundo sabe como isso aconteceu. Tais empresas serviram-se, a princípio, para lançar no mercado suas novidades mais audazes, de mulheres de vida ambígua, de artistas notoriamente escandalosas, que frequentavam os centros de grande mundanismo parisiense.

Hoje utilizam para o mesmo fim, senhoras de alto bordo, mesmo titulares arruinadas moral e economicamente, a quem a escravidão ao luxo e à vida de prazeres, tirando todos os escrúpulos, não repugna o papel de agentes desses interesses, a troco de boa remuneração.

E têm também ao seu serviço, especialmente para a exibição nas próprias casas comerciais, mocinhas que fazem disso a sua profissão — estas, porém, retribuídas com pingues salários, não sendo raro que completem o seu orçamento com os proventos de aventuras escabrosas.

Como se está vendo, e não há nisto o menor exagero, o *bas fond*[19] da Moda nada tem de edificante. E é esta uma razão, entre tantas outras, para não aceitarem as jovens, passivamente, a sugestão dos figurinos e costureiros.

As Dificuldades do Problema da Moda

E incontestável, diante do que ficou dito, que a jovem não pode aceitar a moda de olhos fechados só porque é moda; que está, portanto, no dever de consciência de analisar devidamente

19. "[1] Camada degradada da sociedade; escória social, ralé. [2] Local onde vive essa gente e que apresenta alto índice de prostituição", de acordo com o dicionário de língua portuguesa Michaelis.

tudo o que se lhe propõe como tal e como uso novo que se introduz nesse campo.

Surge, porém, aqui uma dificuldade de ordem prática: que é que lhe poderá servir aí de orientação para bem discernir?

Há quem pense que tudo se resolverá indicando como solução a modéstia cristã.

Modéstia cristã!

Mas reconheçamos lealmente que essa expressão não é suficientemente objetiva dado que não existe um padrão universal de modéstia no vestir. Além disso, sua concepção varia com os tempos e costumes dos povos e até com as condições sociais ou estado de vida de cada um.

Hoje, por exemplo, indica-se como em harmonia com a modéstia cristã, no traje feminino, uma saia que desça "discretamente" abaixo dos joelhos, que há 50 anos causava escândalo.

Lembre-se ainda que a mulher do campo e a da cidade, a burguesa e a operária, a senhorita e a senhora casada, mesmo jovem, devem se ajustar a um tipo diferente de modéstia.

Antigamente havia um critério clássico de distinção: era diferente, como já dissemos, a maneira de vestir entre uma filha de família e uma cocote.

Desgraçadamente essa diferença não existe hoje em dia.

Recorde-se, a propósito, que a imodéstia neste particular, em outros tempos, se denunciava por um exagero oposto ao dos nossos tempos: pela demasia no vestir.

Assim, por exemplo, o que desconcertava há cinquenta anos eram os vestidos frondosos, "os vestidos de seis andares", na pitoresca expressão do Pe. Marchal.

Hoje, como não se ignora, a situação é diferente. O que choca é a escassez de tecidos, sendo agora difícil dizer quantos restam de tais andares... se é que resta algum.

Acresce ainda que hoje, como no tempo de La Bruyere, "há uma falsa modéstia que é vaidade", como há "uma falsa pureza que é ostentação".

Não seria talvez demasiado, tendo em vista acentuar suficientemente a dificuldade de que nos ocupamos, isto é, de discernir a modéstia cristã, citar ainda o seguinte fato:

Em 1930, a Congregação do Sagrado Concílio, ocupando-se com as modas indecentes, numa instrução aos Ordinários diocesanos, "fala de modas desonestas", de trajes impudicos, de vestidos contrários às regras da modéstia e da decência cristã sem, contudo, definir precisamente, como observou então "*L'Ami du Clergé*[20]", o que se deve entender em relação a essas expressões.

Os Rigoristas

Uma dificuldade que muito contribui para complicar este problema consiste na opinião, mesmo exigência, dos rigoristas em matéria de vestir.

---

20. Revista Enciclopédica Francesa, publicada semanalmente em Langres, França, entre 1878 e 1969.

Certo pregador, por exemplo, com quanto de ordinário tão ponderado em suas reflexões sobre a moda, ofereceu como exemplo de modéstia uma santa de quem se dizia em seu tempo, acrescentou, que "só tinha de jovem o rosto".

Só o rosto! É demasiado pouco, confessemos, para contentar a expectativa de uma jovem mesmo modesta em suas ambições de beleza.

Esse mesmo pregador, num surto de oratória pouco feliz, convenhamos, propôs para ser tomado ao pé da letra o exemplo da "mulher forte do Evangelho". Que todas as mulheres, como a "mulher forte", disse então, saibam fiar a lã.

Não queremos com isso dizer, entenda-se bem, que tenha perdido toda atualidade esse tipo de mulher que nos apresenta o "Livro da Sabedoria".

Ao contrário, acreditamos que do seu mérito ainda se pode repetir o que ali foi dito, isto é, que "excede a tudo o que vem de longe, dos últimos confins da terra".

E mesmo acrescentemos que o homem a quem couber a fortuna de desposar uma mulher assim terá razão para enaltecê-la com as mesmas palavras com que aquela foi louvada: "Tu excedes a todas".

Isto porque dela se poderá dizer que "a fortaleza e o decoro são os seus adornos". Solícita, diligente, precavida, compassiva, laboriosa e temente a Deus, não pode haver para uma casa e para uma família mais segura promessa de paz, de bênçãos e de felicidade do que essa companhia afetuosa, repousante e benfazeja.

Por suas virtudes, portanto, a "mulher forte" dos livros sapienciais é a mulher-modelo de todos os tempos e latitudes, um exemplo sempre a indicar, seja onde e quando for, tanto para a admiração quanto para a edificação do seu sexo.

O equívoco ou o exagero do orador em questão consistiu em exigir para a mulher de hoje, como demonstração da sua compenetração e fortaleza, que como a de tempos afastados, tome a roca e o fio e volte a fabricar com as próprias mãos os tecidos para a sua indumentária.

Os casos como este se multiplicam por aí a fora.

Com efeito, é frequente ver-se fazer cavalo de batalha de coisas que, embora chocantes, não têm, ainda assim, uma importância capital.

Por que, por exemplo, fazer uma questão fechada do uso das meias como se fosse um pecado abominável contra o espírito ou dispensá-las, quando o é somente contra a estética e a saúde femininas? Por que tanto empenho em contrariar os figurinos pretendendo que as mulheres católicas estabeleçam modelos exclusivos para si em desconformidade com os usos do seu tempo? Por que uma certa hostilidade contra a maquiagem e outros expedientes de coquetice feminina, quando o seu emprego discreto é não somente tolerável como, em tantos casos, recomendável?

O que se vê é que muito frequentemente a é assimilada ao desleixo, ao mau gosto na maneira de vestir e até à renúncia à moda, talvez pelo hábito de confundir *modéstia cristã* com *simplici-*

dade evangélica. Não compreendem os que fazem tal confusão que a modéstia cristã no vestir supõe a moda, pois tem aí função própria como elemento moderador, ao passo que a *simplicidade evangélica* a exclui, dado que supõe a renúncia ao mundo, mesmo às lícitas satisfações da vida em sociedade.

As que se elevam a este estado de perfeição nada mais pretendem dos homens e condicionam todos os seus atos, inclusive o vestir, a um fim único: agradar a Deus.

É a elas que se refere S. Cipriano nestas palavras: "Se a continência segue o Cristo, e se a virgindade é destinada ao reino de Deus, o que têm elas a ver com os cuidados mundanos e os ornamentos por meio dos quais ofendem a Deus procurando agradar os homens"?

O pior é que se procura solidarizar a Igreja com esses excessos de zelo. Conviria, portanto, por este motivo, para deixar patente a sem razão dos que assim procedem, relatar o seguinte episódio ocorrido com a Madre Sacramento, a fundadora da Ordem das Adoradoras, quando era ainda a Viscondessa de Jorbalan.

Um dia entrou ela na Igreja vestida com a pompa de uma dama da sua classe social. Aproximando-se do confessionário, observou-lhe o sacerdote que aí estava:

"Vem a Senhora demasiado farfalhante para pedir perdão a Deus".

"São as saias, respondeu a Viscondessa".

"Então as tire, retorquiu o confessor".

Interpretando quase literalmente as palavras do sacerdote, a Viscondessa voltou no dia seguinte vestida com um desprezo absoluto pelos usos do tempo.

Ao vê-la, exclamou o confessor: "Como vem a Senhora tão ridícula"!

Conclusão a tirar: nem excesso de elegância nem excesso de simplicidade. Ainda aqui, segundo o consenso mesmo dos homens da Igreja, a virtude está no meio termo.

A Posição dos Rigoristas

Antes de ajuizar de um modo definitivo da posição dos "rigoristas" neste campo da vida feminina, devemos primeiro esforçar-nos por compreendê-la, sobretudo, quando se trata de homens da Igreja.

Com este fim, procura-se refletir que ela se funda sobre escrúpulo muito legítimo naqueles que trazem aos ombros a responsabilidade da direção espiritual da sociedade: o temor de que cedendo a uma falsa complacência em matéria de tal delicadeza, venham a pôr em perigo de salvação as almas e a sua própria, inclusive.

Além disto, cabe não olvidar que eles têm mais em vista, que o comum dos homens, a doutrina da dignidade sobrenatural do nosso corpo.

Essa dignidade, como é sabido, provém de duas ordens de fatos: de ser o corpo humano um santuário em que habita a graça de Deus evidenciada no dom da vida e das tangíveis perfeições da sua natureza como a beleza física; bem assim, de estar destinado, como o espírito, no fim dos tempos, pela ressurreição da carne, à feliz imortalidade.

Pouco se pensa, mesmo entre os cristãos, neste aspecto da nossa realidade. Quando vemos o carinho com que S. Francisco de Assis se referia ao seu corpo, a que costumava chamar o "irmão corpo", nem sempre sabemos que a razão dessa ternura provinha daí, isto é, da glória a que está destinado também o nosso invólucro material.

Assim, portanto, compreende-se que a Igreja considere um abuso, e mesmo uma profanação, submeter o corpo à perigosa política da vaidade humana.

Tudo isso bem como a experiência do confessionário, digamos, das confidências de tantas almas a quem as leviandades da moda conduziram a situações dramáticas, contribui para tornar os sacerdotes mais exigentes que os seculares neste particular.

Temos de confessar que é realmente muito difícil de conciliar o respeito sagrado de que deve ser cercado o corpo humano, com a moda dos nossos dias, uma vez sabido, como é incontestável, que ela tende a destacar, sempre mais indiscretamente, as linhas e os detalhes da plástica feminina que uma antiga concepção de recato se empenhava em ocultar.

E como não ser assim entendendo-se que a moda, como fez notar uma costureira parisiense — costureira ou coisa que o valha

— numa entrevista concedida a um jornal lisboeta, deve fazer ressaltar na mulher "*la beauté du diable*"[21], pois terá como fito, fugindo a todo controle, torná-la objeto da admiração sensual!

A Solução do Problema da Moda

Temos visto até aqui que a moda em si mesma não é um mal; que as jovens cristãs podem harmonizá-la com a sua fé, dado que também elas se vestem para agradar aos jovens e que certas críticas rigorosas de que são vítimas resultam da deplorável confusão entre a modéstia cristã e a simplicidade evangélica. Chegou agora o momento oportuno de elucidar outros aspectos da questão.

Com este intuito temos de partir da convicção de que embora, como Pio XII, consideremos uma "questão ociosa" indagar se a moda atual é pior do que as antigas sob o ponto de vista da moralidade, em todo caso, como ele, não ocultamos que se tem chegado neste particular a excessos bem condenáveis.

Lembramos que S. S.[22], na alocução à "Cruzada da Pureza", chama a atenção para a impudicícia dos trajes modernos, para os "vestidos tão curtos ou tais que parecem feitos, sobretudo, para dar mais relevo ao que se deveria velar".

Se as nossas jovens vivessem cercadas de espelhos, de modo a poder se observarem em toda a sua superfície nas posições que

---

21. Tradução literal: "A beleza do diabo".

22. S. S. – abreviação de Sua Santidade, pronome de tratamento empregado para se referir especialmente ao Papa.

são levadas a tomar — andando, sentando-se, erguendo-se, subindo escadas, etc. — convencer-se-iam facilmente de que não há exagero nessas palavras e envergonhar-se-iam não poucas vezes de si próprias, vendo-se, sem intenção deliberada, naquela situação equívoca, mesmo canalha, de quem descobre intimidades do seu corpo, somente até o ponto de excitar a imaginação alheia.

Não necessitamos insistir na gravidade deste fato, uma vez que jovens cristãs não devem ignorar que há pecado grave toda vez que oferecemos ensejo aos outros de pecarem gravemente, e não podem ignorar também que nunca é leve o pecado de impureza.

E, cabe agora perguntar, porque se chegou a tais excessos?

Já foi dito que se chegou a essa situação, entre outros motivos, porque a moda, no que diz respeito às moças, tem por finalidade agradar aos rapazes. Além disto, porque não existindo um critério suficientemente objetivo de modéstia cristã, elas deixam-se guiar, neste particular, apenas pelo instinto que as aproxima dos seus jovens amigos, ou pior ainda, por uma ânsia inconsiderada de fazer-se admirada e preferida.

Nestas condições o que há a fazer, segundo pensamos, além de eliminar as ideias preconceituosas que se encontram no campo da moda, como já fizemos, é apresentar com lealdade e precisão as normas que em consciência devem observar as jovens cristãs na sua maneira de trajar. Com este objetivo começamos por indicar como princípio fundamental da modéstia cristã o que Pio XII propôs em seu discurso para as jovens da "Cruzada da Pureza":

"Acima da moda e das suas exigências", disse então o Santo Padre, "há leis mais altas e imperiosas, princípios superiores e imutáveis que em caso algum podem ser sacrificados à paixão do prazer ou do capricho, e diante dos quais o ídolo da moda deve saber inclinar sua omnipotência fugaz".

Deste princípio decorrem consequências práticas, algumas das quais, por nos parecerem as de maiores consequências, passamos a examinar.

O Medo de Desagradar

Tantas jovens seriam mais comedidas em suas maneiras, portanto mais discretas no trajar, se não fosse o receio de se tornarem deste modo desinteressantes aos rapazes ou de lhes parecerem atrasadas, ingênuas e infantis.

Bem nota-se que, algumas vezes, fazem concessões à custa do seu decoro e bem desejariam impor um respeito maior pela sua dignidade pessoal.

Pelo menos hesitarão muitas vezes se estarão com a razão aqueles que condenam os seus modos e lhes pedem mais compostura, mais moderação no vestir.

Pronto, porém se repõem pensando que não têm má intenção, que fazem o que fazem as demais, que seguem a corrente do tempo, que afinal de contas nada significaria querer se opor às modas uma vez que uma andorinha só, não faz verão.

Elas ignoram, de um modo geral, que os rapazes que frequentam o mundo e demonstram aplaudir suas audácias o fazem apenas porque não pretendem mais, a seu respeito, do que se divertir, pois para casar preferem outro tipo de mulher.

Há mesmo os que não se casam, porque observando e até desfrutando as leviandades de tantas moças modernas acostumam-se à ideia de que é perigoso unir o seu destino às jovens do nosso tempo.

Sem dúvida acontece que tantos dos que assim pensam terminem casando com quem menos desejavam, como que para confirmar o conhecido ditado: "com fogo não se brinca". Isso acontece, também, está visto, porque além do amor existem outros fogos igualmente abrasadores.

O essencial no caso, porém, não é a verificação de que também se chega ao casamento por meio do procedimento leviano. O que conta é saber qual é a espécie de felicidade que resulta de tais uniões levadas a cabo pela atração sensível, digamos claro: pela concupiscência.

Ora essa felicidade, se assim se pode chamar, em geral, é precária, pois o enlace de que resulta é o fruto de uma paixão fugaz.

Como é assim que os casamentos tão frequentemente se consumam, isto explica, em grande parte, o motivo de existirem tantos lares aborrecidos, desgraçados ou mesmo desfeitos. E explica ainda a razão pela qual o divórcio ganhou e ganha tanto terreno nos espíritos, aqui e além, por toda parte.

Raciocinando sobre esses fatos, concluirá por si mesma a jovem que toda concessão sugerida pelo temor de não se tornar suficientemente atraente aos rapazes e de perder sua oportunidade de conquistar um marido, é uma concessão baseada sobre um sentimento inferior e pode contribuir precisamente para o resultado oposto àquele que pretende, isto é, contribuir para desanimar um candidato que faria a sua felicidade matrimonial.

A este propósito poderíamos contar a história de uma jovem que aos 20 anos se viu cortejada por um diplomata, que se adiantara mesmo em promessas de casamento, o qual, no entanto, presenciando certo dia uma leviandade sua daquele gênero, cortou com duas palavras secas e definitivas um idílio que tudo indicava promissor.

Tem ela agora 34 anos, sente, como disse, "as ilusões a passar, a mocidade a perder-se", e reflete melancolicamente sobre as suas oportunidades malogradas, todas por culpa própria, por culpa de uma juventude estúrdia, frívola e gozadora.

Ainda nesta ordem de ideias, se nos permitirá insistir na observação de que o açodamento em fazer-se admirada pelos rapazes não favorecerá o problema do casamento; antes o compromete e mesmo prejudica irremediavelmente.

Foi o caso daquela que acabamos de referir. E é um fato que, atestado pelas nossas reminiscências do tempo de juventude, vemos confirmado pelas estatísticas de uma singular companhia de seguros dinamarquesa, para moças, contra o celibato, cujas conclusões damos a seguir, transcritas da revista espanhola "Meridiano" (julho 1945):

"As estatísticas da Sociedade indicam claramente que as moças feias se casam muito antes do que as chamadas belas. E que os homens, em geral, dão preferência às mulheres fisicamente sadias e bem formadas. Muito frequentemente, as jovens simples e sem pretensões têm maior facilidade em contrair matrimónio do que as senhoritas muito preocupadas com a moda".

O Espírito da Rivalidade

Muitas jovens excedem-se na prática da moda, já o dissemos, para obter um êxito retumbante no meio dos rapazes suplantando aquelas que são entre eles preferidas.

Já se disse aqui que é legítima a sua aspiração de querer brilhar na sociedade.

Pudera não! Ela se veste para agradar aos jovens do outro sexo.

Foi dito igualmente que é também legítimo, ou pelo menos admissível, se comprazer ao sentir-se graciosa, como está claro na citação do Pe. Marchal.

O que não se admite nem se perdoa é que a elegância se faça a principal ambição da sua vida e, menos ainda, que se alimente com o espírito de rivalidade, porque então nenhuma consideração baseada sobre motivos de ordem superior teria o poder de coibi-la em suas lamentáveis desenvolturas.

A razão disso é óbvia. Por um lado, semelhante obsessão pelo culto das formas, para fazer ressaltar nas linhas do corpo esta ou aquela, verdadeira ou suposta perfeição da sua natureza física, enfraquece pouco a pouco, na jovem, a sensibilidade para as manifestações nobres da sua existência. Por outro lado, a preocupação absorvente de desapossar uma rival, em proveito próprio, das preferências de que desfruta na sociedade dos rapazes, produz a desordem no seu espírito ao ponto de transformar a moda, pelo espírito de competição, numa luta sem tréguas... não, infelizmente, na luta salutar pelo próprio decoro, porém numa luta que precisamente o decoro é imolado à satisfação de um capricho insensato.

Toda gente sabe que excessos, seja em que domínio for, podem levar o espírito de emulação movido por um sentimento egoístico. No que diz respeito à moda, um tal espírito pode conduzir a verdadeiras aberrações do senso moral tornando o vestir ainda pior que o despir, pelo requinte da intenção provocadora com que são conduzidos certos detalhes do traje.

Esta inconsiderada preocupação de se fazer bela pode também levar ao contrário do que ela pretende, como pôs em relevo uma grande moralista do século XVII, ou seja, levar a moça tempo e mais tempo a estudar um novo adorno para sua graça natural, terminando por comprometê-la às vezes definitivamente.

Delas, disse então a propósito, com evidente ironia, que "não é sem trabalho que conseguem agradar menos".

Temos assim a repetição do caso da emenda que ficou pior que o soneto.

A Personalidade no Vestir

Na maneira de se vestir deve a jovem afirmar a sua personalidade.

Por este motivo a escolha de modelo é, tem de ser, de sua própria iniciativa e não, como tão frequentemente acontece, uma prerrogativa das costureiras.

É claro que pode aceitar e mesmo pedir, nesta matéria, a sugestão de uma pessoa em cuja opinião confie pelo equilíbrio das suas ideias e do seu gosto, sem excluir mesmo a de quem lhe faz os vestidos.

Isto fará, porém, a título de contribuição com o senso crítico em atividade. Fá-lo-á especialmente para melhor se esclarecer sobre as características do modelo preferido, pois não deverá pôr de parte esta verdade elementar: quatro olhos veem mais do que dois.

A decisão final, contudo, será sempre sua, dado que em hipótese alguma se poderá eximir completamente da responsabilidade da escolha.

E tem de ser sua tal decisão por mais um motivo: porque a verdadeira elegância resulta de um perfeito ajuste da aparência exterior com a realidade interior.

Daí o motivo pelo qual terá sempre em vista, na questão do corte, dos adornos, dos tecidos e demais acessórios do vestuário, para fazer uma escolha feliz, satisfazer os requisitos da propriedade, levando em conta não somente a sua idade, o tom da pele, a estatura, sua maior ou menor compleição, sua condição social, seus hábitos de vida, como também sua maneira natural de ser e de sentir a fim de que a figura feminina se revele com a originalidade nativa.

Um moderno cronista mundano dizia recentemente que o segredo do êxito das mulheres reputadas por sua elegância consiste no seguinte: "A experiência já lhes demonstrou que certos feitios, certas cores e certas guarnições lhes ficam melhor que todas as outras, e por isso puseram completamente de parte toda preocupação de variar, decidindo, ao contrário, 'adaptar' um gênero seu, que, por muito estudado, se tornou um 'chic infalível'".

Uma ilustre senhora, que brilhou na sociedade lisboeta muito além do começo deste século e foi escritora de mérito — D. Maria Amália Vaz de Carvalho — fez sobre a moda, no que diz respeito ao luxo, uma observação que tem aqui perfeita cabida.

Disse ela que "o luxo, quando não é a atmosfera natural em que se nasceu e se tem vivido, uma coisa que, à força de estar identificado conosco, já nem sequer percebemos [...], torna-se um elemento profundamente desmoralizador".

Nós o vemos, com efeito, suscitar no vestuário concepções disparatadas e grotescas.

Tomem nota desta observação as jovens da sociedade. E não esqueçam a anterior, isto é, que lhes compete indiscutivelmente descobrir o seu "gênero" em matéria de vestidos, o qual compreenderá sempre as transformações da moda e a sua maneira particular, como já foi dito, de ser e de sentir, porque o assunto lhe interessa mais do que a ninguém e porque ninguém melhor do que ela poderá apreender as características interiores da sua própria individualidade que devem entrar como elemento configurativo da sua presença exterior.

A Intenção Apostólica no Vestir

Devemos acrescentar que a razão principal pela qual deve a jovem escolher os seus modelos no figurino é porque a moda compreende um aspecto moral intimamente relacionado com os seus compromissos espirituais, isto é, parecer aquilo que é de dar o bom exemplo.

Já dissemos que o traje, principalmente o feminino, por ser mais pródigo de detalhes, deve dar uma ideia, tanto quanto possível, completa de quem o traz. Teve razão quem fez à mulher esta advertência: "Teu exterior deve ser a expressão do que tu és".

Ora sendo cristã, está consequentemente no dever de trazer impresso a característica essencial do seu espírito também na maneira de trajar. E isto é tanto mais imperioso quanto hoje em dia, como já o dissemos aqui e ninguém pode negar, as modas femininas, pelo menos tais como são seguidas muito frequentemente, atentam, a olhos vistos, contra a pureza dos costumes e rebaixam a pessoa moral da jovem moderna, dado que lhe exigem uma vassalagem com o sentido de autêntica servidão, com o fito quase exclusivo de excitar a sensualidade do outro sexo, de agradar ao homem pelo que o homem tem de animalidade.

Nunca é demais recordar que se a moda chegou a tais extremos, isto se deve à indiferença e mesmo ao desprezo voluntário em relação aos princípios cristãos.

Posto que assim é, a reação contra os excessos da moda atual se impõe à jovem como um imperativo da sua dignidade humana e sobrenatural, como uma afirmação do seu cristianismo integral.

Impõe-se, porém, igualmente, segundo foi dito, como obra de apostolado.

Se tivéssemos de fazer a seguinte pergunta: como é que uma inovação se populariza no campo da moda feminina? Não faltariam quem nos respondesse: pelo acolhimento que obtém entre as senhoras e senhoritas de sociedade.

Pelo exemplo, portanto, das que estão de cima na escala social.

A esse exemplo faz apelo o Santo Padre Pio XII, concitando--as a lutarem "no campo da moda, dos vestidos e adornos", servindo-se da palavra, do exemplo, da cortesia e do pudor contra usos tão inconsiderados, "a fim de que certos trajes descarados fiquem triste privilégio de mulheres de reputação duvidosa e como sinal que as dá a conhecer".

A jovem cristã, sem intenção nenhuma de contrariar sistematicamente o que se usa — com o que se tornaria apenas ridícula — antes com o desejo de enobrecer os costumes, consciente da grandeza da sua condição como filha de Deus e da responsabilidade que esta condição impõe a sua conduta social, procurará conciliar os legítimos interesses da moda com a inteireza dos seus princípios. Procurará, porém, conciliar inteligentemente, sem demasia tanto nas transigências quanto nas exigências. Procurará conciliar verdadeiramente animada de um espírito realista e liberto de pérfidas sugestões e inúteis preconceitos.

Assim sendo, não somente no que concerne ao justo desejo de se destacar das demais em sua maneira de trajar como na tendência inevitável à imitação, que, no que se diz, são as duas principais correntes da moda, ela encontrará a solução adequada que lhe dará a possibilidade de relevo sem o inconveniente do pedantismo e da singularidade, e lhe permitirá acompanhar as novas criações da elegância sem servilismo, sem abdicação de si própria nem furtar-se ao seu dever de edificar às demais com o bom exemplo.

Indicações Práticas

Para dar sentido concreto, caráter prático, às considerações que viemos fazendo, julgamos que serão de utilidade as seguintes indicações:

1º Assim como para atender aos requisitos da elegância exercitam-se as jovens na escolha do modelo que melhor lhes convém, examinando revistas de modas e comparando sua execução nas vitrines, analisando o efeito dos vestidos em outras moças que se lhes assemelham pela estatura, compleição física, tom da pele, configuração do rosto, etc., procurem dedicar igual cuidado ao aspecto moral dos seus vestidos, preferindo entre os diversos modelos de bom gosto o mais discreto, o que veste mais o corpo.

Assim, por exemplo, uma vez que para todas as estações do ano há uns modelos de mangas que descem até o pulso, por que não trazê-los pelo menos ao cotovelo?

E o que fica dito quanto às mangas tem aplicação às demais partes do vestido: comprimento, largura etc.

2º Um outro detalhe importante, neste particular, é o que se refere à natureza dos tecidos.

Assim, quanto aos colantes, uma vez que há agora tanta escassez de *dessous*[23], compreende-se que eles são inconvenientes para os modelos cuja saia não leve franzido no lado posterior, sobretudo tratando-se de mulher pouco esbelta.

Quanto aos tecidos pesados, como as lãs próprias para costumes, não se deve esquecer que as saias pedem mais largura e comprimento do que é usual a fim de que, ao sentar-se, não fique a jovem descomposta.

Isto, aliás, acontece também com tecidos finos que não são suficientemente escorregadios.

3º Para melhor "conservar em evidência a graça e feminilidade da mulher", segundo lemos em outro cronista mundano, recorrem-se às pregas, fendas, franzidos, decotes etc.

A jovem cristã deve prestar uma atenção especial a esses expedientes, não os utilizando senão sobriamente, isto é, na medida em que o legítimo bom gosto exija, jamais condescendendo

---

23. Peças femininas que antigamente eram utilizadas por baixo da roupa.

com eles quando o fim é realçar detalhes do corpo com intenção provocadora.

4º Todos os entendidos de moda, afirma uma revista mundana bem apreciada nos meios femininos, reconhecem que nada contribui tanto para fazer ressaltar sua frescura e seus dotes naturais do que a simplicidade no traje.

Por este motivo aconselha a todas as jovens que desejam ser elegantes: "simplicidade, simplicidade como divisa". Adverte-se contra "o abuso das fantasias". E exemplifica: brincos extravagantes, colares engraçados, algibeiras exóticas, saltos de 7 centímetros, abundância de maquiagem e de batom.

A modéstia cristã, a bem dizer, não pede mais. E mesmo o Santo Padre não faz maiores exigências às jovens que se alistam na "Cruzada da Pureza".

Não pede, já o dissemos, a simplicidade evangélica no trajar.

Isto constituirá o privilégio das que têm os olhos d'alma voltados para mais vastos horizontes, para a "Beleza que não morre".

Pede-se apenas aquela simplicidade que, sem excluir a intenção de agradar aos jovens na maneira de vestir, terá sempre em vista, em todo caso, este princípio fundamental da vida cristã: nunca é permitido agradar ao homem desagradando a Deus.